ÊTRE HUMAINS SUR LA TERRE

AUGUSTIN BERQUE

ÊTRE HUMAINS SUR LA TERRE

PRINCIPES D'ÉTHIQUE DE L'ÉCOUMÈNE

le débat

Gallimard

À la mémoire de mon père

REMERCIEMENTS

Je remercie Claude Cretin, Didier Franck, Matsumaru Hisao et Philippe Nys d'avoir bien voulu prendre le temps de lire le manuscrit de ce livre et de me faire part de leurs remarques. J'ai tenu compte de leurs critiques et suivi leurs conseils autant que je l'ai pu sans écrire les choses mieux que je ne les pense moi-même. Sur quelques points toutefois, rares mais non des moindres, c'est tout compte fait à mes positions initiales que je m'en suis tenu. Aussi, bien entendu, les insuffisances et les erreurs de ce travail ne sont-elles imputables qu'à moi.

Introduction

Pourquoi parler d'éthique de l'*écoumène**, et non pas, comme le veut l'usage ordinaire, d'éthique de l'*environnement* ? C'est qu'il y a quelque chose de plus, dans la relation de l'humanité à l'étendue terrestre, que dans la relation des autres êtres vivants à leur environnement. Toutes les espèces vivantes ont un environnement ; l'humanité aussi, en tant qu'espèce vivante, a un environnement ; mais *seule l'humanité possède une écoumène*.

Qu'est-ce donc que l'écoumène ? Le mot est ancien. Il vient du grec *oikos*, qui veut dire « habitation ». Cette racine est la même que celle d'*écologie* et *économie*. Les géographes de l'Antiquité, comme Strabon, parlaient d'*oikoumenê gê* pour désigner les terres habitées. Tel est l'usage classique : l'écoumène, c'est la partie de la Terre qui est habitée par l'homme.

---

* Le genre et l'orthographe de ce terme ont grandement varié dans la langue française. J'écris *écoumène* en conformité avec le mode de formation ordinaire des mots français dérivés du grec (comme, à partir d'*oikos*, écologie, économie, etc.), et ce au féminin pour des raisons étymologiques d'une part (*oikoumenê* était féminin), sémantiques d'autre part (il s'agit de la relation entre des entités qui sont féminines en français : la Terre, l'humanité).

Cet usage est périmé depuis que l'humanité a conquis toute la surface de la Terre. Aujourd'hui, l'écoumène, c'est la Terre elle-même. Mais pas la Terre comme simple corps physique, ni même comme entité écologique, telle qu'elle pourrait l'être si nous – l'humanité – n'existions pas ; l'écoumène, c'est la Terre en tant que nous l'habitons. Plus encore : *en tant que lieu de notre être.*

En effet, entre la Terre comme planète et comme biosphère, d'une part, et, d'autre part, la Terre comme écoumène, la différence est plus grande qu'entre une maison vide et une maison habitée. La Terre n'est pas seulement l'environnement indispensable à notre vie biologique, comme elle l'est pour toutes les espèces vivantes de la biosphère. Elle est, comme écoumène, la condition qui nous permet d'être humains. Sans écoumène, nous serions comme les autres animaux.

La distinction entre écoumène et biosphère est donc du même ordre que la distinction entre humain et animal ; et elle pose les mêmes problèmes. En effet, l'humain ne se réduit pas à l'animal (ou à l'être vivant en général), *mais aussi*, il est animal (ou vivant). De même, l'écoumène ne se réduit pas à la biosphère (écologique) et encore moins à la planète (physique), *mais aussi*, elle est planète et biosphère.

Dans ce *mais aussi* se cache un abîme d'interrogations sur ce qui est la nature propre de l'humain. L'être humain, en effet, c'est l'être dont la nature est d'aller au-delà de la nature.

Aller au-delà de la nature, c'est ce que nous appelons culture ou civilisation. Nous distinguons évidemment cela de la nature, et pourtant, cela fait partie de notre nature d'êtres humains. L'on peut même dire que ce qu'il y a de plus naturel en nous, c'est d'être civilisés. Vivre comme des bêtes ne serait pas naturel du tout, car nous sommes humains.

L'une des caractéristiques propres de l'humain (il y en a d'autres, bien entendu), c'est d'être éthique ; d'avoir le sens du bien et du mal, et de pouvoir déterminer soi-même sa conduite en fonction de cette distinction, c'est-à-dire avec la conscience d'un devoir. Être éthique, être humain, c'est pouvoir choisir consciemment ; car si nous n'avions pas le choix – si nous étions entièrement déterminés par notre environnement, par exemple –, il n'y aurait ni bien ni mal, mais seulement la vie au sens biologique, les chaînes trophiques des écosystèmes et de la biosphère. Mais la nature humaine va au-delà de la vie biologique et des systèmes écologiques ; elle atteint le domaine de la vie éthique.

De même, l'écoumène est davantage qu'une question d'écologie ; c'est une question d'éthique (ainsi, bien sûr, que d'esthétique, de politique, d'économie, etc.). L'écoumène, à savoir la relation de l'humanité à l'étendue terrestre, c'est par nature quelque chose d'éthique.

L'objet de ce livre est d'examiner cette relation éthique, pour essayer d'en comprendre les principes. On voit qu'il s'agit d'autre chose que de s'interroger sur le rapport entre éthique et écologie, comme deux systèmes entre lesquels il faudrait trouver un embrayage. Il ne s'agit pas non plus de déterminer une éthique (c'est-à-dire quelque chose relevant de l'humain) *à partir* de l'écologie (c'est-à-dire quelque chose relevant de la nature en général). Ces deux positions commettent en effet une erreur fondamentale quant à la relation de l'humanité à l'étendue terrestre. On ne peut pas déduire une éthique à partir de l'écologie, parce que l'écoumène ne se réduit pas à la biosphère. On ne peut pas non plus trouver un embrayage entre éthique et écologie comme telles, parce que l'être humain, en tant qu'être éthique, n'existe pas hors du lieu de son être, qui est la Terre. Ce n'est donc pas dans l'éthique en tant que telle qu'il faut chercher les principes d'une éthique de l'écoumène, mais dans la relation de notre être avec la Terre.

Mieux comprendre cette relation, donc mieux comprendre notre être, c'est la condition nécessaire à partir de laquelle nous pourrons mieux comprendre pourquoi, en tant justement qu'êtres humains, nous devons agir autrement vis-à-vis de la Terre. C'est à cela que ce livre ambitionne de contribuer, en montrant que si la Terre est le lieu de notre être, à travers elle ce n'est au fond pas seulement vis-à-vis de l'humanité, mais vis-à-vis de l'être même que nous devons agir autrement.

I

LES BORNES DE LA MODERNITÉ

I
De l'humanisme
à son contraire

CRISE DE LA MODERNITÉ

L'action humaine en question

L'effet transformateur de l'action humaine sur l'environnement est reconnu depuis longtemps. La science géographique, en particulier, l'a placé parmi ses principaux sujets d'étude. Ces transformations ont été jugées de diverses façons, tant positives que négatives, suivant la culture de l'observateur. Les défrichements qui ont accompagné la conquête de l'Ouest américain, par exemple, l'ont été longtemps positivement, comme l'était encore la conquête des nouvelles terres en Union soviétique du temps de Khrouchtchev, voici moins d'une génération. Au contraire, les modes de vie nomades ou semi-nomades (comme l'agriculture itinérante sur brûlis), relevant de cultures minoritaires, ont été souvent jugés négativement par les cultures dominantes. Certains phénomènes résultant de l'activité humaine, tels que la déforestation, l'érosion ou la salinisation des sols, ont été stigmatisés depuis longtemps, et cela fait des siècles que des mesures de protection ou de restauration ont été prises dans certains pays, avec des résultats parfois remarquables. La superficie des forêts françaises, par exemple, a beaucoup augmenté depuis le siècle dernier.

Dans l'ensemble, l'action transformatrice de l'humanité sur la Terre a donc été considérée plutôt positivement, puisqu'elle s'est montrée capable même de remédier à ses effets négatifs. Le progrès de la civilisation, cause première de ces transformations, était ressenti comme un bien, notamment parce qu'il apporte des moyens toujours plus efficaces de corriger ces effets négatifs. L'agronomie moderne, par exemple, enseigne comment remédier à la salinisation des sols due à une irrigation mal contrôlée en région aride.

C'est une tout autre façon de voir qui a commencé à se diffuser dans les années soixante, et qui aujourd'hui est devenue prépondérante. Il est apparu que les effets négatifs de la civilisation moderne sur l'environnement pouvaient être irréversibles, qu'ils étaient souvent incontrôlables, et qu'ils mettaient en danger l'habitabilité même de la Terre pour l'humanité.

La question se pose donc aujourd'hui de changer le cours de la civilisation, en changeant le comportement de l'humanité. À tout le moins, il s'agit de réformer la modernité, puisque c'est elle qui a rendu cette question inévitable. Il ne suffira pas d'imaginer des solutions techniques, à la façon moderne et en restant donc dans le cadre de la modernité ; c'est jusqu'au niveau profond de ce qui motive les comportements humains qu'il faut engager cette réforme de notre civilisation.

Cette entreprise implique la définition d'une éthique nouvelle ; mais s'agissant de la crise d'une civilisation, il ne suffira pas pour cela de partir de questionnements éthiques. C'est en réalité l'ensemble de la relation de l'humanité à la Terre qui doit être réexaminé, et c'est dans cette perspective que s'engage ici la recherche des principes d'une éthique de l'écoumène.

La modernité contre l'environnement ?

Devant la crise de l'environnement, les critiques du régime actuel portent souvent sur la modernité en tant que telle. Nous verrons au deuxième chapitre que certaines de ces critiques traduisent des fantasmes régressifs dont l'histoire est longue, aussi longue en vérité que celle du progrès des civilisations. Il est certain au demeurant – l'histoire le montre – qu'il y a dans la modernité quelque chose de particulièrement contraire aux équilibres écologiques ; chose qui tient à la nature même de cette civilisation, et qui n'est pas seulement question d'effets quantitatifs.

On peut résumer cette tendance par une formule : *la modernité disjoint le monde*. Cela signifie qu'il y a dans la modernité des principes qui tendent à défaire les équilibres établis, qu'il s'agisse de ceux des sociétés comme de ceux des écosystèmes. La modernité, perpétuellement, tend à vider les symboles de leur puissance d'intégration, en même temps qu'elle offre des moyens toujours plus puissants de transformer les choses ; le résultat de ce double mouvement étant une disjonction croissante entre les choses et l'affectivité humaine, donc une déstabilisation croissante de ce qui constitue le monde où nous vivons.

Cette tendance a des origines très anciennes. Elle est exemplifiée par le dualisme communément attribué à Descartes [1], qui a radicalement séparé le monde des choses du monde intérieurement vécu par le sujet ; mais elle est déjà présente chez Aristote, qui écrivait dans l'*Éthique à Nicomaque* (VIII, 2) qu'il n'y a pas d'amitié possible entre l'homme et les choses inanimées. La chose, en effet, n'éprouve pas les sentiments qu'éprouve l'homme. Cette attitude est ce qui, fondamentalement, justifie que la modernité n'ait pas engendré une éthique envers les choses, donc envers l'environnement puisqu'elle a conçu celui-ci – nous le verrons plus loin – du même point de vue dualiste.

Dans d'autres civilisations, la coupure a été beaucoup moins nette entre les choses et l'être humain. En Chine, par exemple, le *qi* (souffle vital ou cosmique) circule aussi bien dans les choses de l'environnement que dans le corps humain, et l'on en considère les manifestations dans le paysage grandeur nature comme dans le paysage image. La recherche d'une bonne régulation du *qi* concerne aussi bien la médecine que l'esthétique et même l'éthique, puisque cela a quelque chose à voir avec tous les aspects de l'existence. L'ensemble du monde est donc empreint d'un sens unitaire.

---

1. Descartes était en fait, comme en témoigne son *Traité des passions*, beaucoup moins dualiste qu'on ne le pense communément. Il reconnaissait que le sentiment joue un rôle intermédiaire entre le sujet et l'objet. Comme il l'expose clairement dans ses *Principes de philosophie*, c'est la « science pure » qui doit établir une distinction radicale entre la « chose à connaître, ou étendue » et la « chose connaissante, ou pensée », donc pour cela « dissoudre » le sentiment ; mais celui-ci reste « notre vie elle-même » et, de ce fait, concerne au premier chef le moraliste.

La science n'est pas la morale

Ce sens unitaire, c'est cela justement que tend à défaire, à dénouer la modernité. Du point de vue de l'éthique, une étape essentielle a été franchie au XVIIIᵉ siècle, lorsque Hume a montré que la réalité (ce qui est, le *is*) doit être distinguée de ce que nous voudrions qu'elle fût (ce qui devrait être, le *ought*). La science doit considérer le *is* indépendamment du *ought*. C'est la condition de toute connaissance objective.

Suivant le principe de cette distinction, les sciences de l'environnement – comme les autres sciences – n'ont rien à voir avec la morale, et elles ne sont pas, en tant que telles, fondées à prescrire un comportement. Lorsque l'homme de science se met à prescrire, il sort de sa qualité de scientifique pour s'engager dans celle de citoyen, plus ou moins responsable ; mais cela ne change rien au principe de la distinction entre le *is* et le *ought*.

L'on a effectivement vu, en Europe, la connaissance scientifique se dégager peu à peu du monde ambiant, où les choses ne sont jamais indépendantes de la morale. Corrélativement, les savoirs populaires (qui relèvent du monde ambiant) ont non seulement été dévalorisés, mais ils se sont peu à peu étiolés, perdant leur créativité. En France par exemple, après le XVIIIᵉ siècle, l'invention de dictons de la pluie et du beau temps s'épuise. Ceux que nous connaissons aujourd'hui ne sont qu'un héritage de temps plus anciens. Or ces dictons liaient intimement le cours des choses aux comportements humains, sur un mode où la distinction entre le *is* et le *ought* n'aurait eu aucun sens : l'éthique était impliquée dans le temps qu'il faisait chaque jour. Dans la modernité, au contraire, la météorologie en tant que science n'est que descriptive, non point prescriptive. Elle produit des informations, non des dictons.

Le retrait du sujet

L'attitude scientifique n'est que l'illustration la plus remarquable d'une attitude plus générale, celle que les philosophes représentent par la formule du « retrait du sujet moderne ». En établissant une dualité entre lui-même et les choses, en effet, le sujet moderne s'est retiré du monde ambiant, pour considérer désormais celui-ci avec recul, comme un objet décisivement distinct de lui-même.

C'est ce retrait que symbolise le fameux « je pense, donc je suis » de Descartes. L'être du sujet cartésien se fonde en effet en lui-même, dans sa propre conscience, non pas dans une relation avec les choses qui l'entourent et qu'il toise désormais comme de purs objets.

Cette objectivation du monde sous le regard du sujet a fondé ontologiquement la modernité. C'est le principe qui a rendu possible le développement des sciences modernes, d'où procède celui des techniques modernes, lesquelles ont petit à petit bouleversé le monde.

Ce principe est loin de ne porter que sur les choses matérielles ; il concerne aussi bien autrui, et même le propre corps du sujet. L'objectivation d'autrui est ce qui a rendu possible la naissance et le développement des sciences sociales (à partir du XIXᵉ siècle), et celle du corps est ce qui a permis l'essor de la médecine moderne. Sur tous ces objets de connaissance, distincts essentiellement de sa propre conscience, le sujet moderne s'est mis à poser le même regard détaché que sur les choses inanimées.

Nous pouvons voir une lointaine expression de ce détachement, propre au regard du sujet moderne, dans l'inflation actuelle des emplois du mot « paysage » en français. L'on s'est mis par exemple à parler de « paysage politique » ou de « paysage criminel », au lieu de dire la « situation politique » ou l'« état de la criminalité ». Ces expressions symbolisent la distanciation du locuteur, qui se pose en simple spectateur d'un état de choses dont il tient à se distinguer. La vue n'est-elle pas celui de nos sens qui permet le mieux d'observer de loin ?

Les animaux-machines

Or, en se retirant du monde, le sujet moderne a vidé celui-ci des valeurs qui le concernaient lui-même. Partant, il s'est donné à cet égard une grande liberté d'action. Il n'y a en effet pas lieu d'appliquer aux objets les mêmes attentions qu'aux sujets, puisque ces derniers seuls sont capables de conscience. L'éthique, c'est-à-dire ce qui règle le comportement des sujets en fonction de valeurs et de vertus, dont ceux-ci sont conscients, ne peut, par principe, s'appliquer aux êtres inconscients.

Ce point de vue, déjà illustré abstraitement par Descartes avec sa thèse des animaux-machines, s'est effectivement traduit dans maints aspects de la civilisation moderne. Non pas que l'homme moderne, individuellement, soit devenu plus cruel envers les animaux ou indifférent vis-à-vis des plantes (ce serait plutôt le contraire) ; mais parce que la civilisation, dans son ensemble, s'est mise à les traiter

comme elle traite ses machines : dans le seul souci de l'efficacité, comme de simples instruments totalement soumis à
la réalisation d'objectifs exclusivement humains, sans considération pour leur être propre.

Dans un de ses derniers livres, Ernst Jünger stigmatise
cette attitude, à propos des élevages de poulets en batterie :
« On y voit végéter, à des milliers d'exemplaires, une espèce
de Golem à qui l'on n'accorde plus que la mécanique de
son être[1]. »

C'est en effet l'être qui est en question dans de tels
exemples. Une batterie de poulets moderne, qu'elle soit
implantée dans l'Illinois ou dans le Sichuan, repose en dernière instance sur une ontologie dualiste, où l'être du sujet
humain se distingue radicalement de celle de l'objet sur
lequel il agit, poulet ou forêt tropicale.

L'objet moderne n'entre donc pas, de par son être, dans
le cadre de l'éthique par laquelle l'être humain règle ses
propres comportements. Il n'y a accès que dans une perspective centrée sur le sujet humain lui-même, par exemple
si celui-ci fait preuve d'ardeur au travail (ce qui est une
vertu) en produisant plus de poulets ou plus de bois ; mais
en tant que tel, l'objet est étranger à l'éthique.

En dépit des remises en cause récentes que l'on résume
sous l'expression d'environnementalisme, notre civilisation
repose encore très largement sur une ontologie dualiste.
C'est sur de telles bases que fonctionnent l'économie et la
technologie modernes. Tour à tour, et quelle que fût leur
culture d'origine, les divers pays du monde ont inconsciemment adopté cette ontologie en adoptant les modèles de
développement de la modernité. En Chine comme aux

---

1. Ernst JÜNGER, *Sens et signification*, Paris, Christian Bourgois, 1995, p. 50.

États-Unis, faire du poulet de batterie implique cette ontologie, où l'être de l'oiseau est réduit au même niveau que celui d'un moteur.

Du pourquoi au comment

Cette ontologie est celle du « comment » – les moyens et les instruments –, non celle du « pourquoi » – les raisons d'être et d'agir. Dans son effort d'explication et de maîtrise du monde, la modernité n'a été en effet qu'un immense processus de substitution du « comment » au « pourquoi ». Elle nous a appris, mieux que toute civilisation avant elle, comment fonctionnaient les choses et comment il fallait faire pour les manipuler plus efficacement ; mais du même pas, elle a conduit l'humanité à se soucier des façons de faire plutôt que des raisons de faire. En cela, elle a aussi été un immense processus de déracinement de l'éthique. C'est là peut-être le sens du reproche que Goethe fit à Newton : s'être satisfait de la solution de l'énigme, sans en chercher la raison...

Hier au Japon comme aujourd'hui en Chine, on ne peut adopter la civilisation moderne sans porter atteinte aux fondements de l'éthique. Les mœurs traditionnelles ont toujours et partout – en Europe comme ailleurs – été bouleversées par la modernisation. Aussi, jusqu'à présent du moins, n'est-ce pas au nom d'éthiques étrangères à l'Occident que se sont fait jour les remises en cause les plus efficaces de la modernité, mais au sein même de celle-ci, c'est-à-dire d'abord en Europe, puis dans les autres pays modernisés à la suite de l'Europe.

Le dépassement de la modernité

Ce phénomène s'est typiquement manifesté à propos de l'environnement : c'est par exemple en Angleterre qu'est d'abord apparue la notion moderne d'aménité (le terme quant à lui est plus ancien), et c'est encore en Occident que l'environnementalisme est le plus avancé – c'est-à-dire là où est apparue la modernité, en dépit ou à cause du fait que celle-ci, comme on vient de le voir, s'est développée selon des principes adverses à l'équilibre environnemental.

Comme tout phénomène historique, la modernité, en effet, a engendré les facteurs de son propre dérèglement. Celui-ci est particulièrement visible en termes d'environnement, mais il n'est nullement borné à ce domaine. Nous verrons plus loin que le progrès même des connaissances qu'a permises la modernité a tendu à saper ses propres principes ; en particulier à montrer que, contrairement à l'ontologie cartésienne, le retrait du sujet hors du monde n'est que partiel et relatif. Il y a en effet dans la logique même du mouvement de la modernité une impossibilité à ce qu'elle s'accomplisse. Jürgen Habermas a parlé à ce sujet de « projet inachevé » ; mais ce ne sont pas des conditions externes, c'est la nature même du projet moderne qui fait qu'il ne peut s'achever. Sa propre mise en œuvre le défait à mesure qu'il avance.

La sociologie, par exemple, est née à la fin du XIXᵉ siècle parce que le sujet moderne s'était alors suffisamment « retiré » du monde pour l'objectiver en termes de relations sociales. Or l'étude même de ces relations, par Émile Durkheim notamment, a montré que l'idée d'un sujet capable de se distancier du monde était en grande partie un leurre.

Nous sommes toujours pris inconsciemment dans un système social, quel qu'il soit. Autrement dit, notre être est largement social, il ne peut nullement se fonder dans sa seule conscience comme celui du sujet cartésien.

Il en va de même dans tous les domaines de la civilisation moderne. En réalité, le paradigme de la modernité s'est déjà dépassé lui-même !

CRISE DE LA RAISON

Les deux anthropocentrismes

Le grief principal que les environnementalistes adressent à la modernité occidentale est d'avoir donné à l'homme une place centrale, au détriment des autres êtres vivants et de la nature en général. On résume cette attitude par la notion d'anthropocentrisme.

Sous peine de graves contresens, il faut en réalité distinguer deux sortes d'anthropocentrismes.

Le premier est celui de toutes les civilisations humaines avant la révolution scientifique du XVIIᵉ siècle, à savoir la vision du monde ethnocentrique particulière à chaque culture. Ce que la science moderne a apporté, ce sont des référents universels transcendant les cultures et l'ethnocentrisme. Les satellites artificiels chinois, indiens ou russes utilisent les mêmes lois balistiques, fondées sur de tels référents universels : les lois de Kepler et de Newton. En ce sens, la science moderne est ce qu'il y a de moins anthropocentrique ; elle est cosmocentrique.

Au contraire, les ethnosciences traditionnelles sont tellement anthropocentriques que, à la limite, leur interprétation du monde peut dépendre de chaque individu. À l'intérieur de la même culture chinoise, par exemple, le flux du souffle cosmique *(qi)* dans un même site pourra être interprété différemment par deux sitologues *(dilishi)* différents.

De telles divergences de la raison sont impossibles dans la science moderne : si l'un a raison, l'autre a forcément tort ; parce que le référent de la vérité, c'est l'universalité du monde objectif.

Le deuxième anthropocentrisme est une particularité de la culture occidentale dont l'origine remonte à l'Antiquité grecque, qui s'est renforcée avec le christianisme, puis avec l'humanisme de la Renaissance, et qui a fini par engendrer le sujet individuel moderne : cet être qui s'institue lui-même indépendamment du monde, qui met le monde entier en perspective sous son regard, et qui en ce sens est bien le centre du monde. Cet anthropocentrisme, dans son principe (certes, il en va différemment dans la pratique historique), n'est pas ethnocentrique ; il suppose l'universalité de l'être humain. Il est à l'origine, notamment, de la Déclaration des droits de l'homme de 1789.

Il y a une différence essentielle entre le premier et le second anthropocentrisme : c'est que le second est un idéal abstrait, alors que le premier relève de la pratique du monde ambiant dans toutes les cultures (y compris l'Occident moderne). Le second est propre à la modernité ; c'est le complément nécessaire du cosmocentrisme de la science moderne.

La distinction de l'être et de l'étant

Cette coexistence paradoxale de l'anthropocentrisme et du cosmocentrisme – autrement dit une vision du monde à double foyer – au sein de la modernité s'explique par le dualisme sujet/objet : le cosmocentrisme vaut en effet pour ce qui est de l'objet, tandis que l'anthropocentrisme vaut pour ce qui est du sujet. Entre ces deux mondes, il y a une scission radicale, une totale discontinuité de perspective. Au contraire, dans le premier anthropocentrisme, le monde entier (l'être humain comme les choses) est pris dans la même perspective ethnocentrique.

Le dualisme moderne a des origines multiples. Il doit sans doute quelque chose à l'effort des philosophes grecs pour distinguer l'être de l'étant, et les lois générales des expressions particulières. Nous sommes tous des *êtres* humains, bien que, comme *étants*, nous ayons chacun un visage différent. La forme de ce chêne-ci diffère de celle de ce chêne-là, mais ces deux étants expriment le même être « chêne ».

Platon, par exemple, pensait que l'être est dans une forme idéale, distincte de la chose bien qu'elle y soit présente. Cette façon de voir est liée à l'importance que la culture grecque a donnée au logos, c'est-à-dire à la capacité de la raison humaine, incarnée par le langage, à exprimer les lois internes du monde. Cette capacité de la raison ne dépend pas directement de la pratique des choses ; elle est d'abord *theôria*, c'est-à-dire observation distante et, par suite, théorie [1].

---

1. La *theôria* est aussi une contemplation, qui peut mener au mysticisme en subordonnant la raison humaine à un principe supérieur, une vérité *(alêtheia)* que le logos « dévoile » (c'est le sens étymologique d'*alêtheia*). Cette autre voie de la *theôria*, parallèlement à celle de la raison, a traversé l'histoire de l'Occident,

Raison et pratique

Cette tendance fort ancienne à autonomiser la raison par rapport à la pratique s'est incommensurablement développée avec la modernité. Elle s'est accompagnée de l'idée que la vérité des choses n'est pas celle de la pratique mais celle de la raison elle-même. Lorsque Galilée dit que la nature est écrite en langage mathématique, il signifiait que, au-delà de ses manifestations sensibles (les phénomènes que nous percevons directement), la raison ultime de la réalité n'est autre que celle que l'esprit humain peut atteindre par les mathématiques, car l'univers lui-même est mathématique : la théorie peut non seulement représenter le monde, mais coïncider avec ses lois internes.

En Chine, au contraire, la pratique a toujours eu le pas sur la théorie. Même dans le domaine où la raison fonctionne de la manière la plus autonome – les mathématiques –, elle ne s'est jamais complètement abstraite du sens commun. On raconte que les mathématiciens chinois, lorsque les Jésuites leur présentèrent les mathématiques euro-

---

par la pensée du symbole. Elle s'est exprimée notamment dans le néo-platonisme, et dans l'illuminisme de diverses époques (en particulier au XVIIIᵉ siècle, le siècle des lumières de la raison...), mais on la trouve même chez les représentants les plus illustres de la voie de la raison (par exemple dans l'œuvre alchimique et occultiste de Newton). On a vu plus haut que Descartes lui-même reconnaissait une place essentielle au sentiment. L'image que nous nous faisons aujourd'hui de l'histoire de la « raison occidentale », en particulier dans les pays non occidentaux, est simpliste, voire caricaturale ; c'est largement une construction contemporaine, dont le sens a été de mettre en valeur, par contraste, une perspective différente de celle que nous attribuons aujourd'hui au paradigme moderne classique (cette construction est patente chez Heidegger à propos de la perspective cartésienne). L'idéologie environnementaliste, comme on le verra plus loin, est particulièrement portée à cette diabolisation de la « raison occidentale ». Comme dit le proverbe, « qui veut noyer son chien l'accuse de la rage »...

péennes, jugèrent que leurs démonstrations étaient fastidieuses et inutilement exhaustives. Pour eux, en effet, lorsqu'il y avait évidence, il était inutile de faire la démonstration ; le bon sens suffisait. Mais pour les Européens, la démonstration devait être complète, c'est-à-dire totalement autonome par rapport au sens commun. Ce n'est qu'à cette condition que les mathématiques pouvaient atteindre à des vérités universelles.

À première vue, une pareille attitude est parfaitement inverse au souci d'efficacité qui marque la modernité. Est-ce que ce n'est pas dans la pratique et la concrétude que se fonde la maîtrise des choses ?

La suppression de la sensibilité

En réalité, le long cheminement de la raison vers des lois toujours plus abstraites a été le complément et la condition d'une attitude qui a permis, symétriquement, l'émergence d'un pragmatisme radical : celui de la manipulation d'un monde réduit à l'état d'objet.

Le trait commun à ces deux attitudes, c'est qu'elles tendent à autonomiser leurs propres domaines, en y supprimant toute interférence de la sensibilité du sujet humain. Autant les mathématiques (ou la raison en général) doivent pouvoir se passer du sens commun, autant la technique doit reposer sur les lois des objets eux-mêmes, c'est-à-dire, en dernière instance, sur les lois de la nature. Or comme, dans la vision moderne, les lois de la nature coïncident avec la raison la plus pure (le langage mathématique), il y a également coïncidence entre le rationalisme le plus abstrait et la maîtrise des choses la plus efficace. Tel est, en gros, le

principe qui a sous-tendu le développement de la technologie moderne.

Comme on le voit, cette coïncidence entre la raison
et l'objet se fait par suppression (abstraction) de la sensibilité du sujet humain qui, dans le monde ambiant, au
contraire, se trouve entre les deux et interfère avec l'une et
l'autre.

Cette suppression coïncide avec ce que nous avons vu
plus haut sous le nom de « retrait du sujet ». Elle entraîne
d'immenses conséquences au plan éthique. En effet, il n'y
a en principe aucun champ pour l'éthique – laquelle suppose des sujets humains doués de sensibilité – si la froide
raison coïncide directement avec les choses. Seule compte
l'efficacité de cette coïncidence.

La réalité n'est bien entendu pas aussi simple. Ce que
nous venons de voir, c'est un schéma virtuel et abstrait. Ce
schéma, pourtant, aide à comprendre le drame interne de
la modernité : cet élan de civilisation, commencé à la
Renaissance pour une plus grande dignité humaine (c'est
cela, l'humanisme), comporte en lui-même une tendance
à éliminer ce qui justement permet de respecter la dignité
humaine, à savoir l'éthique.

L'affranchissement de la raison pure

Les exemples concrets de ce risque abondent. N'en
citons qu'un seul, le plus radical : avec la bombe atomique,
la modernité a abouti à la possibilité de supprimer complètement l'humanité ; autrement dit, à la négation absolue de
l'éthique. Cette négation finale de l'éthique serait aussi,

bien entendu, la plus absolue déraison ; autrement dit, une scission absolue entre l'esprit humain et la réalité[1].

Ce n'est toutefois pas seulement le risque nucléaire qui a fait douter, au XXᵉ siècle, de la coïncidence entre la raison et les lois du monde réel. En fait, c'est le développement même de la science moderne qui l'a conduite à saper les principes qui avaient caractérisé la révolution scientifique du XVIIᵉ siècle. C'est ce que l'on peut voir par exemple clairement dans le cas des mathématiques, la plus rigoureuse des sciences.

David Hilbert (1862-1943) est considéré comme l'un des fondateurs des mathématiques modernes, notamment pour ses *Fondements de la géométrie* (1899). À partir de lui, en effet, les mathématiques s'affranchissent totalement des contraintes du sens commun, pour devenir un pur exercice logique. Hilbert a par exemple démontré que dans un ensemble de nombres infini, la partie égale le tout (elle est aussi infinie) ; ce qui est évidemment impensable pour le sens commun et n'a aucune expression manifeste dans la réalité sensible.

Revenir aux choses mêmes

La contrepartie de cet affranchissement de la raison pure, c'est que, du même coup, la réalité a été affranchie de la tyrannie de la raison. Désormais, l'on a pu légitimement penser que la réalité concrète possède ses propres lois, indé-

---

1. L'apocalypse nucléaire ne s'étant pas encore produite (bien qu'esquissée à Hiroshima et Nagasaki), cette schizophrénie de la raison reste le plus remarquablement exprimée, au XXᵉ siècle, par l'extermination systématique des Juifs et des Tziganes dans l'Allemagne nazie.

pendamment des lois abstraites de la raison pure. Effectivement, le développement des mathématiques modernes est contemporain de celui de la phénoménologie, dont l'ambition, selon l'expression d'Edmund Husserl (1859-1938), est de « revenir aux choses mêmes », autrement dit de retrouver la réalité du monde ambiant tel que nous le vivons concrètement, et non tel que le figure abstraitement la rationalité scientifique. Par ailleurs, les théorèmes d'incomplétude et d'indécidabilité de Kurt Gödel (1906-1978) démontraient, mathématiquement et logiquement, les limites de la raison : un système de propositions non contradictoires ne peut pas en lui-même prouver qu'il n'est pas contradictoire. Autrement dit, la vérité transcende la preuve : pour prouver qu'un système est juste, il faut un point de vue extérieur à ce système.

Dans un domaine moins abstrait, celui de la physique, la découverte de l'univers quantique bouleversait aussi les principes fondateurs de la modernité. Désormais, il était matériellement établi que les formules mathématiques ne représentent pas la nature en elle-même, mais seulement la connaissance que nous en avons. Autrement dit, la science est un point de vue. Le réel en soi est insaisissable.

Du substantialisme au relativisme

Ainsi les mathématiques et la physique modernes ont-elles abouti, dans la première moitié du XXᵉ siècle, à une vision relativiste radicalement étrangère au substantialisme du paradigme moderne. Le monde de Planck, Heisenberg ou Gödel n'a plus grand-chose à voir avec celui de Galilée,

Descartes et Newton ; on pourrait presque dire qu'il lui est inverse.

Le même retournement avait lieu parallèlement en philosophie, avec le développement de la phénoménologie et, plus particulièrement, celui de la phénoménologie herméneutique de Martin Heidegger (1889-1976). Nous y reviendrons dans les chapitres suivants. Notons ici simplement que Husserl a symbolisé ce retournement lorsqu'il écrivit en 1934 que « la Terre ne se meut pas » – c'est-à-dire, à trois siècles de distance, le contraire [1] de la fameuse exclamation de Galilée lors de son procès en 1636 : *Eppur, si muove !*

Ce que Husserl exprimait par là n'est pas, bien entendu, que la cosmologie moderne serait fausse ; c'est qu'il y a une vérité propre au monde ambiant, dont la perspective n'est pas celle, abstraite, de la science. Si, du point de vue de l'astronome, la planète Terre tourne autour de l'étoile Soleil, du point de vue concret du sujet dans le monde ambiant, c'est au contraire le soleil qui tourne dans le ciel.

Nous détaillerons dans les prochains chapitres comment ce retournement permet de fonder une éthique de l'écoumène. N'en donnons ici que le principe. Revenir aux choses mêmes, comme le disait Husserl, c'est en finir avec l'utopie qui, pendant trois siècles, a sous-tendu la modernité, à savoir que la raison la plus pure exprimerait le principe même des choses. C'est rétablir le rapport qui, dans la réalité, intercale toujours la sensibilité du sujet humain

---

1. En fait, comme on le verra plus loin, il ne s'agit pas de la même « terre » : c'est, d'un côté (pour Husserl), la terre comme sol de notre existence et, de l'autre (pour Galilée), la planète comme corps sidéral.

(celle, concrète, qui suppose l'existence de notre corps) entre l'esprit et les choses. En cela, c'est refonder théoriquement la possibilité d'un champ éthique, là même où la modernité avait tendu à l'exclure en faisant coïncider la nature des objets avec la raison pure.

CRISE DE L'HUMANISME

La relativisation du sujet

Que les théorèmes de Gödel (entre autres) aient montré les limites de la raison avec les moyens propres à la raison elle-même (les mathématiques et la logique), cela n'est que l'un des aspects de la crise générale de la modernité au XXᵉ siècle. L'on pourrait, très schématiquement, se représenter cette crise par l'image du serpent mythique Ouroboros, qui dévore lui-même sa propre queue. Dans de multiples domaines, en effet, c'est la modernité elle-même – et non pas le refus de la modernité au nom de valeurs traditionnelles – qui a conduit, par le progrès des connaissances, à remettre en cause ses propres fondements.

La plus générale de ces remises en cause a été celle de l'humanisme, autrement dit le système de valeurs centré sur l'Homme, qui s'était mis en place à la Renaissance et renforcé par la suite, notamment avec les Lumières du XVIIIᵉ siècle. Comme nous l'avons vu, l'émergence du sujet moderne est liée à cet humanisme. C'est en tant que sujet conscient et responsable que l'être humain est le foyer des valeurs de l'humanisme, et que s'établit entre lui et les autres êtres une dualité axiologique et éthique[1].

Or le développement des sciences modernes, dont ce dualisme a été la condition fondatrice, allait petit à petit montrer que le sujet humain est fort loin d'être aussi conscient et responsable que le laissait supposer le paradigme cartésien de la « substance pensante ». Le comportement de l'être humain est en effet largement conditionné par des facteurs dont le sujet est inconscient.

Cette remise en cause du sujet a pris deux voies qui, bien qu'antagonistes, ont concouru au même résultat.

La première est celle des sciences de la nature. À partir d'approches très diverses, qui vont de la médecine à la psychologie béhavioriste ou à la paléontologie, ce mouvement a consisté à montrer que les lois de la nature s'appliquent également à l'Homme.

On peut, de manière très générale, qualifier ce courant de déterministe. L'un des exemples les plus connus en est le déterminisme géographique, ou environnemental, qui consiste à expliquer les faits humains (tels que l'habitat, les mentalités, l'ardeur au travail, etc.) par des causes telles que le climat ou la géologie. Cette forme de déterminisme est très ancienne, mais elle est toujours active et utilise les

---

1. Il faudrait ici nuancer, en distinguant deux courants dans la modernité. L'un, humaniste effectivement, qui pose le sujet comme être autonome, l'autre (dont l'origine est la monade leibnizienne) qui pose l'individu comme être indépendant. Sur cette distinction, qui est capitale du point de vue de l'éthique, voir Alain RENAUT, *L'Individu. Réflexions sur la philosophie du sujet*, Paris, Hatier, 1995. À la différence du paradigme individualiste, la conception humaniste du sujet n'exclut nullement l'intersubjectivité ; corrélativement, la notion d'autonomie suppose une communauté de valeurs fondant la libre acceptation de la loi commune par la conscience individuelle. Cette conception du sujet est notamment celle de Kant, pour qui le concept d'homme n'est pas celui d'un individu, mais celui d'un genre.

techniques des sciences les plus actuelles, comme la paléo-climatologie. Nous y reviendrons dans le chapitre suivant.

Une autre forme de déterminisme bien connue, mais beaucoup plus récente, est la sociobiologie. Celle-ci consiste à appliquer l'approche de la biologie aux faits sociaux. Un comportement altruiste, par exemple, ne serait pas dû à un choix éthique du sujet conscient, mais serait déterminé par une logique génétique tendant globalement à assurer la conservation de l'espèce.

La seconde voie de la remise en cause du sujet moderne a été celle des sciences sociales. Elle s'est souvent diamétralement opposée à la première. La sociobiologie, par exemple, a été très fortement critiquée par une majorité de spécialistes de l'anthropologie culturelle ou de la sociologie. Le déterminisme géographique (ou environnemental), lui aussi, a été rejeté par la majorité des spécialistes de géographie humaine ou d'autres sciences sociales.

Le conditionnement culturel

Dans l'ensemble, ce deuxième type d'approche tend à montrer que ce sont des conditionnements sociaux et culturels qui expliquent la plupart des comportements que le déterminisme attribue à des facteurs naturels. Les partisans du déterminisme ne voient pas ces conditionnements parce qu'ils sont eux-mêmes pris à l'intérieur du système de valeurs d'une certaine culture. Pour objectiver ces systèmes, à côté des techniques d'enquête et d'analyse propres à chaque science sociale (la sociologie, l'économie, etc.), l'étude historique est essentielle. Elle montre en effet que de nombreux faits humains que l'on croirait universels, donc naturels (c'est-à-dire propres à l'espèce humaine), sont en réalité apparus au cours de l'histoire pour des raisons socioculturelles. Par exemple, le goût des paysages de montagne n'est apparu en Europe qu'au XVIIIe siècle, en rapport avec l'émergence du romantisme, alors que la plupart des gens croient aujourd'hui qu'apprécier la beauté des montagnes est un fait universel, inscrit dans la nature des choses comme dans celle de l'espèce humaine.

Si l'approche des sciences sociales tend ainsi à rejeter les déterminations naturelles, et à les remplacer par des déterminations culturelles, elle concourt néanmoins avec le déterminisme pour montrer que le sujet individuel n'est pas conscient de ces déterminations. Chaque individu est pris dans un système socioculturel particulier, qui lui fait voir et comprendre la réalité d'une certaine façon, propre à la société à laquelle il appartient.

Toutes les sciences sociales, et l'histoire en particulier, sont allées globalement dans ce sens, nonobstant, bien entendu, des différences selon les écoles et les cultures. Par exemple, dans les pays anglo-saxons, le déterminisme naturel a généralement eu plus de représentants que sur le continent européen, et le déterminisme social en a eu moins. C'est ainsi que la fiction de l'*Homo œconomicus* (un individu rationnel décidant en connaissance de cause) a plus fortement prévalu dans les pays anglo-saxons, tandis que le marxisme (qui insiste sur la détermination sociale des comportements individuels) s'y est moins développé.

La mort de l'Homme

La tendance à insister sur les déterminations sociales aux dépens de la conscience individuelle a culminé dans le structuralisme des années soixante et soixante-dix. Ce courant de pensée, où convergeaient plusieurs sciences sociales et humaines (philosophie, anthropologie, psychanalyse, etc.) a pu être représenté par une formule : la « mort de l'Homme ». En effet, il a tendu à montrer que l'Homme tel que l'avaient conçu les Temps modernes, autrement dit l'idée de la personne individuelle consciente et responsable propre à l'humanisme au sens large (c'est-à-dire un courant d'idées qui culmine avec les Lumières du XVIIIᵉ siècle) n'était qu'un motif caractérisant une certaine culture, celle de l'Occident moderne, et qu'en réalité l'être humain est déterminé par des structures dont il n'a pas conscience – qu'il s'agisse de l'inconscient proprement dit, tel que l'envisage la psychanalyse, ou du langage, ou, plus généralement encore, de la symbolicité de tout rapport social.

L'expression du pouvoir

Inutile de souligner qu'une formule comme la « mort de l'Homme » apparaît contradictoire avec l'idée d'humanisme. Or c'est bien le développement des connaissances qu'a invoquées l'humanisme – notamment la linguistique – qui a engendré le structuralisme.

L'une des choses que le structuralisme a montrées – avec l'apport, en particulier, de Michel Foucault –, c'est que les rapports de pouvoir qui structurent les sociétés s'expriment métaphoriquement dans tout l'ordre des choses, et n'apparaissent donc généralement pas comme tels. Le seul fait de vivre comme un individu ordinaire dans un certain environnement, de parler une certaine langue, de se comporter normalement en société constitue une acceptation inconsciente des rapports de pouvoir qui déterminent un certain ordre social, celui auquel on appartient.

Michel Foucault a montré que le contrôle social s'est accentué avec la modernité, mais que toute société est forcément structurée par des rapports de pouvoir. Ces rapports sont diffus dans tout ce qui constitue cette société et son cadre de vie. Cependant, le pouvoir n'est pas seulement caché ; il se montre aussi, volontairement, dans des mises en scène qui visent à lui donner des expressions concrètes et évidentes pour tous : fêtes, rites, monuments, fondation et embellissement des villes capitales, etc.

Toutes les civilisations connaissent ces expressions du pouvoir, mais chacune les pratique à sa manière particulière. On peut dire par exemple, comparativement, que l'Europe occidentale a insisté sur l'expression architecturale du pouvoir, et l'Asie orientale sur son expression rituelle ; mais, naturellement, l'Europe connaît aussi les rites solennels, et l'Asie les architectures monumentales !

Aussi bien par les rites que par l'architecture, le pouvoir imprime dans l'inconscient de chaque individu un certain ordre, à la fois ordre social et ordre des choses, qui fonde cosmologiquement le pouvoir lui-même, et, en même temps, l'éthique dont ce pouvoir est indissociable. Ce rapport cosmologique est particulièrement évident dans la Chine antique – comme l'a montré par exemple, à propos de la fondation de l'empire han, l'étude d'Omuro Mikio sur *La Ville-Théâtre*[1]. Les formes de la ville symbolisent l'ordre naturel du monde, auquel le pouvoir s'identifie par les rites, qui sont le « droit chemin » *(yi)*.

Les appareils symboliques

Cette symbolicité, tout en manifestant le pouvoir, le fait apparaître comme naturel – aussi naturel, par exemple, que la présence de l'étoile polaire dans le ciel, qui est le repère cardinal de l'urbanisme des capitales chinoises de l'Antiquité, ou que la récurrence des saisons, qui sont le repère des rites festifs. La modernité, cependant, a sapé cette symbolicité de manière générale, en faisant apparaître progressivement que le pouvoir est un fait humain, social et historique plutôt que naturel, ou plus spécialement en analysant cette symbolicité comme telle, ainsi que l'ont fait les sciences sociales contemporaines.

Ce mouvement de désymbolisation correspond à ce que Max Weber a appelé le désenchantement du monde. Il s'est bien entendu accompagné d'un affranchissement de l'individu vis-à-vis des formes de pouvoir traditionnelles ; c'est ce qui s'est traduit par les progrès de la démocratie. Cependant, si les formes du pouvoir changent, le pouvoir comme tel se maintient, puisqu'il est indissociable de l'existence même des sociétés. Il engendre perpétuellement de nouveaux appareils symboliques, dans lesquels sont inconsciemment pris les sujets humains.

Qu'est-ce donc qu'un appareil symbolique ? C'est un

1. OMURO Mikio, *Gekijô toshi. Kodai Chûgoku no sekaizô*, Tôkyô, Sanseido, 1981.

ensemble de choses et de représentations reliées par des médiations tant matérielles qu'immatérielles, par lequel les êtres humains communiquent entre eux, interprètent le monde et agissent sur les choses. Une langue est un appareil symbolique, mais une ville ou une technique aussi. Nous verrons au chapitre III que le mot « symbolique » n'est pas ici satisfaisant, parce qu'il fait penser principalement à l'aspect immatériel de la communication humaine ; nous devrons donc introduire d'autres concepts. Au point actuel, cependant, qu'il suffise de rappeler qu'un symbole a forcément, aussi, une présence physique (un mot, par exemple, a une réalité matérielle acoustique ou graphique). Les appareils symboliques sont donc à la fois matériels et immatériels.

Du lieu à la fonction

Or la modernité, tout en désymbolisant le monde, ne cesse de produire de nouveaux appareils symboliques. L'essentielle différence entre ces appareils et les anciens, c'est qu'ils sont fonctionnels plutôt que cosmologiques. Ils visent l'efficacité dans un domaine précis, mais ne se soucient plus de figurer l'ordre général du monde. Partant, ils n'invoquent plus le « droit chemin » de l'éthique en général, mais seulement des règles de comportement adaptées à un objet précis.

Par exemple, alors que dans le système cosmique, politique et éthique – disons l'éthosystème – de la ville chinoise antique, chaque lieu, dans sa singularité, était empreint diffusément des valeurs de tout le système, la modernité a fait de tout lieu le simple support, interchangeable et sans

valeur intrinsèque, de certaines fonctions. Cette dévalorisation de la singularité des lieux n'a pas seulement, du point
de vue esthétique, des effets négatifs sur la qualité des paysages – qu'on soit à Bombay, à Vladivostok ou à San Francisco, le « style international » de l'architecture moderne a
partout imposé les mêmes formes parallélépipédiques –,
c'est aussi, fondamentalement, une négation de l'éthique.
En effet, en décontextualisant les formes architecturales,
elle contribue à défaire les éthosystèmes qui règlent le
comportement des individus.

Ce processus est particulièrement marqué dans le fonctionnement de la publicité contemporaine, comme l'a montré le géographe Robert Sack dans *Lieu, modernité, monde
du consommateur*[1]. La publicité jongle en effet avec les lieux
comme avec de simples images, totalement et délibérément
décontextualisées. Tel lieu, pendant les minutes de publicité, nous sera montré non pas pour que nous cherchions
à mieux le connaître lui-même, mais seulement pour nous
inciter à acheter un certain produit. Selon Sack, ce système
de décontextualisation est immoral, parce qu'il contribue à
ôter à l'individu la possibilité de peser les conséquences de
ses actes.

Plus généralement, la modernité a développé démesuré-
ment ce que le philosophe Imamichi Tomonobu appelle
« connexions techniques » *(gijutsu renkan)*. Pour ce qui nous
concerne ici, cette expression est voisine des appareils symboliques propres au fonctionnalisme moderne. Le code de
la route en fait par exemple partie, avec son ensemble de
signes, de choses et de comportements réglés. Or, comme

---

1. Robert D. SACK, *Place, Modernity, and the Consumer's World*, Baltimore et
Londres, The Johns Hopkins University Press, 1992.

Imamichi le montre dans son *Ecoethica*[1], ces appareils exigent de l'individu des comportements mécaniques et non point réfléchis. Par exemple, devant un feu rouge, tout le monde est tenu de s'arrêter, sans possibilité de choix (en principe, du moins)[2]. En cela, ces appareils rabaissent l'être humain au niveau de l'animal, qui obéit lui aussi mécaniquement à des signaux (par exemple, les hormones émises par la chienne en rut excitent forcément tous les chiens).

Ainsi les systèmes techniques de la modernité, dont le but premier relève de l'humanisme – élever l'être humain au-dessus de la simple condition naturelle – peuvent aboutir exactement au contraire de cet idéal : en lui ôtant la possibilité de choisir, non seulement ils l'asservissent, mais ils suppriment la condition même de l'éthique.

Le XXᵉ siècle aura été celui de la crise conjointe de l'environnement, de la raison et de l'humanisme. Le monde qu'avait construit la modernité n'est plus viable : il a lui-même nié ses propres fondements. Mais alors, que mettre à la place de la modernité ? Et comment, au-delà de la modernité, fonder à nouveau l'éthique, sans laquelle l'être humain ne peut être proprement humain ?

---

1. IMAMICHI Tomonobu, *Ekoetika. Seiken rinrigaku nyûmon*, Tôkyô, Kodansha Gakujutsu Bunko, 1990.
2. Il faudrait bien sûr nuancer cette thèse d'Imamichi. L'être humain peut toujours choisir d'obéir ou non au feu rouge, et il le fait même de manière plus consciente et rationnelle que, dans les sociétés traditionnelles, on obéit aux rites (on peut à cet égard comparer le code de la route à un rituel). Cependant il est vrai que les systèmes techniques (ce qu'est la circulation automobile) concernent d'abord le fonctionnement des choses plutôt que le sens de l'existence humaine, que codifient les rites. Bien que l'une de ses fonctions soit de protéger des vies humaines, le feu rouge est d'abord une subordination de l'existence à un système mécanique.

II
La nostalgie de la matrice

LE REFUS DE LA MODERNITÉ

Modernité et identité

La modernité présente, comme on l'a vu, certains traits généraux. Historiquement cependant, son effectuation a toujours été conditionnée par la culture des sociétés concernées. Même abstraction faite des décalages temporels entre les sociétés qui se sont modernisées les premières et les suivantes, il n'y a donc pas une version unique de la modernité, mais autant de versions qu'il existe de cultures sur la Terre.

Cela posé, l'on peut regrouper ces diverses versions en deux grandes catégories : d'une part, l'Occident et, d'autre part, le reste du monde. La modernité a en effet d'abord été un phénomène européen ; et c'est à partir de l'Occident qu'elle s'est ensuite propagée dans le reste du monde. D'où une différence décisive : alors que, dans les pays d'Occident, la modernité a toujours été ressentie comme un phénomène essentiellement temporel (une différenciation entre hier et aujourd'hui), pour le reste du monde, elle a d'abord été, spatialement, une confrontation avec l'Occident.

Cette différence initiale n'a cessé de conditionner le comportement des sociétés concernées durant leur modernisation, faisant en effet de celle-ci une constante agression contre leur identité. De même, elle conditionne aujourd'hui la remise en cause de la modernité. Dans les pays non occidentaux les plus modernes – bien entendu, il s'agit en premier lieu du Japon –, la question du dépassement de la modernité ne peut pas ne pas être, aussi, la question du dépassement de l'Occident.

Des phénomènes similaires existent aussi à l'intérieur de l'Occident lui-même. De la réaction identitaire de Herder contre l'universalisme des Lumières, au XVIIIᵉ siècle, jusqu'à l'idéologie du sol natal dans le Troisième Reich, au XXᵉ siècle, la tendance uniformisante de la modernité a par exemple été ressentie en Allemagne comme une influence étrangère à son génie propre. En France, ou plus encore au Québec, la diffusion de l'anglo-américain, phénomène de mondialisation inhérent à la modernité, est plus vivement qu'ailleurs ressentie comme une agression envers l'identité culturelle, et plus explicitement qu'ailleurs imputée à l'hégémonie des États-Unis.

Nature contre modernité

Ces questions concernent bien évidemment la politique internationale. Pour ce qui est du Japon, par exemple, elles ont un lien direct avec les causes de son entrée en guerre contre les États-Unis en 1941. À un niveau plus général et plus profond, cependant, ce sont des questions éthiques.

En tant qu'elle agresse l'identité d'un peuple, la modernité est en effet ressentie comme un mal, et les valeurs qu'on lui oppose, dans un amalgame du prémoderne et du non-occidental, sont bien évidemment ressenties comme un bien. C'est une éthique qui se définit ainsi dans un contraste où l'Occident moderne sert de repoussoir. Suivant les époques et les sociétés, le contraste en question est plus ou moins accentué par l'idéologie identitaire.

Le problème qui se pose à une telle idéologie est celui du choix de ses référents. Schématiquement, ceux-ci composent deux pôles d'inspiration, qui sont d'ailleurs généralement confondus l'un avec l'autre : une inversion de la modernité et une inversion de l'Occident. Cependant, l'affirmation d'une identité ne pouvant évidemment pas se présenter comme la simple négation d'un modèle extérieur, le discours identitaire tend en outre à se construire un référent à usage interne, qui lui permet de dépasser une simple opposition à la modernité ou à l'Occident.

Le référent en question, c'est souvent la nature ; tant la nature au sens écologique de ce terme, que la nature au sens de : ce qu'il y a de plus authentiquement propre à un être. Ces deux sens se rejoignent en effet en tant qu'opposés à l'artificiel, et ils sont l'expression métaphorique l'un de l'autre. L'histoire montre par exemple que, si l'Allemagne du Troisième Reich a joué un rôle précurseur dans l'instauration d'une politique de l'environnement, la motivation écologique y fut inséparable de l'idéologie de la pureté raciale, ces deux courants se rejoignant dans l'exaltation de la nature allemande – *Blut und Boden*, le sang et la terre.

Certes, la défense de l'environnement n'implique pas forcément ce qui s'est passé dans l'Allemagne nazie. Nous devons cependant être conscients – c'est une obligation éthique – que la remise en cause de la modernité, en tant que celle-ci détériore toujours davantage l'équilibre écologique de la planète, pose virtuellement les mêmes questions que cet exemple historique. Nous devons donc être très attentifs à ne pas verser, à partir d'une exaltation de la nature, dans des amalgames qui peuvent conduire, ultimement, à des errements du genre de ceux du Troisième Reich.

L'antimodernisme au Japon

C'est de ce point de vue critique que je vais présenter, dans ce chapitre, certains des aspects de l'idéologie antimoderniste dans son rapport avec la question de l'environnement. La majorité des exemples choisis porte sur le Japon, pour la raison que l'on a vue plus haut : c'est le premier des pays non occidentaux à s'être modernisé, et il est de ce fait aujourd'hui à la pointe de la remise en cause de la modernité. Il va sans dire, néanmoins, que l'on trouverait sans peine dans d'autres pays des équivalents de ces exemples japonais, d'une part, et que, d'autre part, il existe aussi au Japon bien d'autres courants d'opinion.

On trouve ainsi d'abord, dans la pensée environnementaliste japonaise contemporaine, un courant de critiques radicales envers ce qui a été le moteur premier de la modernité occidentale : la science, issue du paradigme du XVIIe siècle. C'est la science moderne en tant que telle que, par exemple, le géographe Yasuda Yoshinori – connu pour ses études de paléoclimatologie –, rend responsable de la destruction de l'environnement : « La science moderne, fondée sur une vision monothéiste oublieuse du fait qu'elle est le produit d'un certain climat (c'est-à-dire le climat semi-désertique du Proche-Orient [AB]), a poussé à la destruction accélérée de l'environnement planétaire[1]. » Pour cet auteur, la science moderne est en effet viciée dans ses fondements mêmes, qui ne sont autres que l'expression de la culture européenne dans sa double composante chrétienne et athénienne. Il condamne donc « la science occidentale fondée sur les principes de compétition et de lutte » et plaide pour l'instauration d'une « nouvelle science fondée sur le principe oriental de la coexistence »[2].

La connotation morale de ces jugements est évidente. L'image que Yasuda se fait de la science est indissociable de l'image qu'il se fait de l'Occident, et il perçoit celui-ci comme une civilisation maligne. En cela, il rejoint les jugements de l'essayiste Umehara Takeshi, pour lequel l'Occident est une civilisation de la colère et de la force, tandis qu'à l'opposé l'Orient serait une civilisation de la bienveillance[3].

Nature et image de soi

Sans prendre parti sur ces jugements en tant que tels, qui relèvent d'une opposition classique entre l'image de soi et l'image de l'autre, nous relèverons qu'ils associent intimement le bien à la nature et à l'identité propre, d'une part,

---

1. YASUDA Yoshinori, « Tôyô to Seiyô no fûdo », dans UMEHARA Takeshi et ITO Shuntarô kanshû, *Sôgen no shisô, mori no tetsugaku*, Tôkyô, Kodansha, 1993, p. 178.

2. YASUDA Yoshinori, *Nihon bunka no fûdo*, Tôkyô, Asakura Shoten, 1992, p. 40.

3. UMEHARA Takeshi, *Nihon bunkaron*, Tôkyô, Kodansha, 1976. « Bienveillance » (*jii*) traduit la notion bouddhique de *maitrâ*.

et, d'autre part, le mal à l'antinature et à autrui. Telle est en effet la structure de base inconsciente de nos jugements dans ce qui touche à la nature. Ce n'est que par un effort de réflexion que nous pouvons transcender cette structure ; encore faut-il être conscient qu'elle ne cesse de se reproduire métaphoriquement sous des formes diverses, où l'on ne peut la reconnaître au premier abord.

Examinons en effet un peu plus attentivement la liaison structurelle entre image de soi et image de la nature. Pour se borner ici à l'Asie orientale, il est curieux, par exemple, de constater que tant les Chinois que les Coréens et les Japonais revendiquent comme un trait distinctif de leur propre identité une compréhension profonde de la nature et la capacité d'en exprimer l'essence dans leurs jardins. Or les Japonais jugent les jardins chinois très artificiels par rapport aux leurs, les Coréens en disent autant à l'égard des jardins japonais, etc.

Répétons qu'un tel phénomène est universel ; c'est une loi de l'ethnocentrisme de tout être humain : la culture des autres apparaît toujours artificielle, et la culture propre apparaît toujours naturelle. Sous d'autres formes que les jugements susdits à propos des jardins chinois, japonais et coréens, l'on retrouve donc le même phénomène ailleurs dans le monde ; mais détaillons un peu ici le cas japonais.

Le film pour enfants d'Oomori Kazuki, *Godzilla contre King Gidora* (Tôhô, 1991) commence par une scène de la Seconde Guerre mondiale, où l'on voit, dans une île du Pacifique, Godzilla (encore à l'état de dinosaure) se réveiller et prendre parti pour les Japonais contre les Américains, qui lui tirent dessus tandis que les premiers le respectent (ils lui rendent même les honneurs militaires quand il finit par succomber). Plus tard, Godzilla (ressuscité dans sa version *kaijû*) défend le Japon contre de méchants Blancs venus du XXIIIᵉ siècle pour détruire ce pays, avant qu'il ne devienne hégémonique.

Allons au-delà de l'actualité du *Japan bashing syndrome*, qui est la motivation la plus apparente de cette histoire. Le dragon (Godzilla), c'est le symbole de la nature dans l'imaginaire de nombreux peuples – de la Chine, où c'est le thème central du *fengshui*, à l'Europe médiévale, où le mythe de saint Georges terrassant le dragon est une métaphore du défrichement de l'espace sauvage. Dans le film d'Oomori, ce qui arrive à Godzilla est une métaphore de ce qui arrive à la nature japonaise (au double sens d'environnement et d'identité propre) : il est agressé par l'Occident moderne (et même futur), et il se défend.

Faute d'en avoir parlé avec le cinéaste, je ne sais pas jusqu'à quel point il a utilisé consciemment cette métaphore, où l'identité japonaise a pour recours la nature. Toujours est-il que le Japon, dans son rapport problématique avec les modèles de civilisation venus de l'extérieur – d'abord de Chine, puis d'Occident –, a toujours cherché à se caractériser lui-même par son accord intime avec la nature, en opposition avec l'artificialité de ces modèles. Les auteurs japonais, par exemple, opposent la naturalité de la configuration d'Edo à l'artificialité de la ville chinoise ou européenne.

Nature et japonité

La thématique du naturel est ainsi devenue en quelque sorte le repère essentiel de l'identité nippone. Elle hante bien entendu les nippologies *(nihonjinron)* proprement dites, mais on la retrouve dans des domaines très divers et sous toutes formes d'expressions. Par exemple, dans les années quatre-vingt, quand s'est répandue la notion d'aménité urbaine et que l'on s'est mis à imaginer l'aspect souhaitable des rivières en milieu urbain, les dessins des urbanistes, comme ceux des enfants, ont révélé des paysages où l'on est souvent bien en peine de reconnaître la moindre construction : bien que, dans le cas de la Sumida-gawa par exemple, l'on soit en fait au cœur de la plus grande ville du monde, les bords de l'eau y ont une allure champêtre. Dans un autre domaine encore, l'on verra Umehara Takeshi affirmer que le bouddhisme, dans ses versions indienne et chinoise, est anthropocentrique, et que ce n'est qu'en pénétrant au Japon qu'il s'est centré sur la nature[1].

Ce travail métaphorique dans lequel la naturalité devient synonyme de la japonité, et en tant que telle distingue celle-ci du reste du monde, s'accompagne volontiers d'une exaltation des modes de vie préhistoriques ; en l'occurrence l'époque Jômon, chez Umehara et Yasuda, lesquels derechef les lient à l'identité japonaise. La structure de la motivation reste la même (à savoir : ce qui est le plus naturel est le plus japonais), hormis qu'elle est ici placée sur un axe temporel au lieu du plan spatial de l'opposition dedans/dehors, ou nous/les autres. Dans cette version temporelle, la culture Jômon ayant peu transformé son environnement, elle est, d'une part, idéalisée en tant que modèle écologique et, d'autre part, elle est présentée comme le cœur véritable, et toujours actuel, de l'identité japonaise (en opposition

---

1. UMEHARA Takeshi, YOSHIMOTO Ryûmei, NAKAZAWA Shinichi, « Nihon no shisô no keisei », *Shinchô*, 1994, 3, p. 224.

même à la culture préhistorique Yayoi, qui avait notamment le défaut de pratiquer l'agriculture).

Sans, encore une fois, prendre parti quant à la validité de tels jugements, ce qui nous concerne ici est qu'ils corroborent la structure inconsciente dont nous parlions plus haut. Cependant, le Japon ayant aujourd'hui un rôle planétaire, cette structure de la motivation identitaire ne peut pas se résoudre en une simple opposition à l'extérieur. De fait, un géographe comme Yasuda a accompli de nombreux travaux de terrain à l'étranger, à la recherche des pollens anciens pour mesurer les climats du passé. Que devient alors la structure en question ?

De l'identité nippone à la planète

La réponse est complexe : comme il s'agit d'une structure universelle, cachée dans l'inconscient de chaque être humain, son expression proprement nippologique (celle que l'on vient de voir) va se projeter métaphoriquement sur des motifs non japonais, tout en gardant le même sens, à savoir de repousser la modernité (ressentie comme d'essence occidentale, mauvaise et antinaturelle), en prenant parti pour des figures symbolisant la non-modernité (ressentie comme non occidentale, bonne et naturelle).

À cet égard, l'ouvrage de Yasuda, *L'Époque de la déesse Terre*[1], recèle une mine de figures illustrant les transformations métaphoriques de la structure susdite. L'une d'entre elles est celle de Méduse, la Gorgone à la chevelure de serpents qui, dans la mythologie grecque, est tuée par Per-

---

1. YASUDA Yoshinori, *Daiji boshin no jidai*, Tôkyô, Kadokawa Shoten, 1991.

sée aidé par Athéna (la déesse de la raison). Méduse, dans le livre de Yasuda, est l'équivalent de Godzilla dans le film d'Oomori, mais dans un contexte différent. L'agresseur, c'est ici la raison en général (origine de la science moderne), et la victime, c'est la nature en général. Hormis cette transposition, la structure et sa signification restent identiques, et elles continuent de concerner directement l'identité japonaise.

La différence entre le cas de Godzilla et celui de Méduse, c'est que, dans le livre de Yasuda, l'identité japonaise, au lieu de se replier sur elle-même en se distinguant du monde extérieur (comme c'est la règle dans la majorité des nippologies), se projette au contraire sur le monde par le biais de son identification à la nature ; à savoir, d'une part, la nature de la planète elle-même et, d'autre part, les cultures qui, étant restées foncièrement étrangères au paradigme occidental, ne relèvent pas de son antinaturalité. Yasuda recommande ainsi d'approfondir, sous l'égide du Japon, les liens entre toutes les cultures animistes ; de la sorte, « la culture japonaise traditionnelle sauvera l'environnement terrestre et l'humanité de leur crise actuelle [1] ».

Il est inutile ici d'analyser cette projection métaphorique sous l'angle politique ; disons seulement qu'elle est identique dans son principe et dans son mécanisme, sinon dans sa thématique et dans son contenu, à la projection non moins métaphorique de l'identité japonaise sur le destin des peuples de l'Asie orientale dans les années trente et quarante, dont nous reparlerons au chapitre V à propos de Nishida Kitarô. Ce qui va nous intéresser plutôt, ce sont, au-delà d'une banale exécration de l'Occident, les motiva-

---

1. Yasuda, *Daiji boshin no jidai, op. cit.*, p. 230.

tions profondes de ce genre de métaphores ; car celles-ci se manifestent tout autant, quoique sous d'autres formes, ailleurs qu'au Japon, et en particulier chez nombre d'écologistes occidentaux.

LA NOSTALGIE DE LA SYMBIOSE

Nous et les autres

Les exemples que nous venons de voir témoignent d'une identification métaphorique entre la nature au sens écologique et la nature au sens de l'identité propre. Les pulsions qui motivent cette assimilation inconsciente sont en gros de deux ordres, l'un plutôt spatial et l'autre plutôt temporel. Dans l'ordre spatial, il s'agit de la pulsion identitaire qui pousse les êtres humains à distinguer entre « nous » (dans la communauté) et « les autres » (hors de la communauté). Dans cet ordre spatial, comme on l'a vu, la nature est du côté du nous ou du dedans, et l'antinature du côté des autres ou du dehors. Ici, nous allons nous attacher plutôt à l'ordre temporel de cette pulsion identitaire.

Jadis et maintenant

Dans l'ordre temporel, la distinction ne peut pas s'établir entre nous et les autres ; elle fonctionne à l'intérieur même du nous, mais elle sépare un état actuel et un état ancien de l'humanité. Toutes les mythologies connaissent ce genre de distinction. La question qui nous attachera ici est celle de la valeur qui est donnée au passage de l'état ancien à l'état actuel. Posons tout de suite qu'il n'est pas possible d'établir de distinctions radicales entre les diverses mythologies à cet égard : en effet, les figures métaphoriques du passage en question sont soit ambivalentes, soit contrebalancées par des figures symbolisant des valeurs inverses ou complémentaires.

Cela dit, parmi toutes ces figures, on peut dans beaucoup de mythologies en remarquer une qui symbolise un état idéal que l'humanité aurait connu dans le passé, mais qu'elle a perdu : c'est l'Âge d'or dans la tradition grecque, l'Éden dans la tradition biblique, le Datong dans la tradition chinoise, etc.

Le motif dominant de ces figures paradisiaques est la symbiose entre l'humanité, la nature et les dieux. Dans le jardin d'Éden, par exemple, Adam et Ève vivent en paix avec tous les animaux ; et dans le Datong, le Ciel, monde des dieux, communique avec la Terre, monde des humains.

Ces figures symbolisent un état antérieur à la civilisation, c'est-à-dire à la transformation de la nature par le travail humain. Plus profondément encore, elles symbolisent un état antérieur à la séparation de l'être humain par rapport à la matrice originelle : le ventre maternel à l'échelle de l'individu, l'état de nature à l'échelle de l'humanité.

Cet état de nature, l'être humain l'a perdu – tant à l'échelle de l'individu qu'à celle de l'humanité –, mais il en garde la nostalgie. Il rêve de retourner à la matrice originelle, et de s'y fondre à nouveau dans la Grande Identité (c'est le sens profond qu'expriment littéralement les sinogrammes *datong*), autrement dit l'assimilation parfaite entre sa nature propre et la grande nature, qui l'englobe comme le sein maternel.

La pensée désirante

Tel est le moteur profond de la pulsion identitaire et des métaphores que celle-ci engendre dans ce que les psychiatres appellent la « pensée désirante » ; autrement dit, une forme de pensée où le *is* se confondant avec le *ought*, nous voyons les choses comme nous voudrions qu'elles fussent (remarquons en passant que, de ce fait même, la pensée désirante a un rapport direct avec l'éthique).

Cette forme de pensée est si générale et si diversifiée qu'à la limite on pourrait dire qu'il est impossible à l'être humain de distinguer vraiment la réalité de ses désirs. Le fait même de penser implique le désir de comprendre le monde, et c'est une expression (élaborée certes) de notre pulsion de vie. Toutefois, il existe de grandes différences entre les degrés inférieurs et les degrés supérieurs de la pensée désirante. Dans les premiers, la métaphore fonctionne librement (les mythes ou la poésie sont de ce type) ; dans les seconds, elle est canalisée, bridée, contrôlée par les processus de la réflexion (la philosophie et les sciences sont de ce type). Cependant, il y a aussi des interférences entre la pensée désirante et la réflexion, ce qui, même chez les plus grands esprits, se traduit par des fautes de raisonnement.

Nous allons voir ci-dessous quelques exemples de ces interférences, à divers degrés d'élaboration de la pensée.

Déterminisme et ethnocentrisme

Ce qu'on appelle le déterminisme géographique, ou environnemental, combine des formes de connaissance savantes avec une pulsion identitaire mal contrôlée. Le résultat de ces interférences est invariablement que l'environnement du nous est jugé supérieur à l'environnement des autres. Les Grecs anciens (Hippocrate par exemple) ou les Européens de la Renaissance (Jean Bodin par exemple), en jugeant que leur climat était tempéré – autrement dit le plus équilibré –, expliquaient par là leur supériorité sur les autres peuples.

Cette logique ethnocentrique fonctionne indépendamment du progrès des sciences de la nature ; le déterminisme géographique digère en effet les connaissances nouvelles sans que cela diminue sa pulsion identitaire. Dans la première moitié du XXe siècle, le géographe américain Ellsworth Huntington utilisait les données les plus récentes de la météorologie de son époque pour montrer la même chose que Hippocrate à la sienne, à savoir que ce serait le climat de la Nouvelle-Angleterre qui est le plus favorable aux formes les plus hautes de la civilisation. En cette fin de XXe siècle, le géographe japonais Suzuki Hideo utilise la paléoclimatologie pour montrer que c'est le désert (c'est-à-dire la mort) qui explique l'Occident, et la forêt de mousson (c'est-à-dire la vie) qui explique l'Orient. Etc.

Erreurs et incohérences du déterminisme

Entrer dans le détail des explications déterministes y révèle immanquablement des failles de raisonnement et des erreurs de fait, qui découlent de son principe, à savoir de confondre dans une même « nature » ce qui relève de l'environnement et ce qui relève de l'identité culturelle (la sienne propre ou celle des autres).

Comme exemple de faille de raisonnement, on peut, entre autres, relever l'absurdité suivante dans *Civilization and Climate* (1915), d'Ellsworth Huntington : sa théorie attribue au climat de l'Amérique du Nord le haut degré de civilisation de sa propre société, mais il ne dit pas pourquoi le même climat n'avait pas conféré aux Amérindiens les mêmes avantages, en les portant par exemple à aller civiliser l'Europe...

Comme exemple d'erreur de fait, citons l'interprétation que Watsuji Tetsurô, dans *Fûdo* (1935), donne de l'origine de l'esprit scientifique en Europe. Selon Watsuji, c'est parce que la nature européenne est régulière, donc d'apparence rationnelle, que les Européens auraient été incités à y rechercher rationnellement les lois de cette régularité. En réalité, dans l'histoire de la pensée européenne, ce fut exactement l'inverse : c'est justement parce que leur environnement – le monde sensible, « sublunaire » – leur apparaissait comme changeant, inconstant, contingent que les Grecs se mirent à distinguer l'être de l'étant et à imaginer des « formes idéales » de l'être, saisissables par la raison mais non par les sens. L'origine lointaine de l'esprit scientifique, comme nous l'avons vu au premier chapitre, est dans cet écart entre l'être et l'étant, et non point dans une similarité « naturelle » entre l'environnement et la pensée.

Le mythe du bon sauvage

Le mythe du bon sauvage est une autre forme d'interférence de la pulsion identitaire dans la pensée élaborée. Ici la pulsion identitaire fonctionne au second degré : au lieu simplement d'opposer le nous et l'autre, elle utilise l'autre (le sauvage) pour y projeter le nous profond ; autrement dit, elle idéalise l'autre pour illustrer ce que le nous a la nostalgie d'avoir perdu. C'est dans l'Europe des Lumières, au XVIIIᵉ siècle, que s'est répandu le mythe du bon sauvage, sous l'influence, entre autres, des découvertes des grands navigateurs comme Cook et Bougainville dans le Pacifique.

C'est la même pulsion qui porte aujourd'hui les écologistes à idéaliser les modes de vie traditionnels des Amérindiens ou des aborigènes, l'animisme, la cueillette, etc. Cette identification repose souvent sur une grossière méconnaissance de la réalité des sociétés concernées ; ce qui est d'ailleurs logique, dans la mesure où il s'agit d'une projection du nous sur l'autre. Cependant, même les travaux des plus grands anthropologues, comme Malinowski ou Lévi-Strauss, ne sont pas totalement exempts de ce genre de projections. Du reste, l'anthropologie culturelle en elle-même, en tant qu'elle a été un effort de dépassement de leur propre ethnocentrisme par les anthropologues, prend son origine dans cette identification de l'autre au nous le plus profond, c'est-à-dire à la nature humaine. C'est en quelque sorte la sublimation, sous forme de connaissance scientifique, de la pulsion identitaire qui nous fait rêver du Datong où tous les humains étaient unis et vivaient en symbiose avec la nature et les dieux.

Le refus de la séparation

Sous certains aspects, le bouddhisme constitue l'expression très élaborée d'un même refus de séparer les êtres. Une notion comme l'*anatman (muga)*, par exemple, qui exprime la non-substantialité du moi (on peut à cet égard l'opposer au sujet cartésien), exalte en revanche les relations qui font que le monde existe. La pensée relationnelle en général – par opposition au substantialisme du paradigme occidental moderne classique – repose fondamentalement sur la conviction qu'il existe une parenté entre les êtres. L'écologie contemporaine en est une expression ; et, en retour, les connaissances qu'elle a apportées nourrissent des formes de pensée qui sont aux antipodes de la vision du monde cartésienne. Nous en verrons plus loin quelques exemples. Retenons ici simplement une formule du philosophe environnementaliste J. Baird Callicott, pour lequel l'être humain est *implicated and implied* par sa relation à la nature [1] ; autrement dit, on ne doit pas séparer la nature humaine de la nature de l'environnement.

À de multiples égards, l'écologisme contemporain est un refus inconscient de l'arrachement de l'humain au Datong originel. Dans le climat actuel, cette pulsion du retour et de l'identification à la matrice prend volontiers des tournures délibérément irrationnelles. Michel Serres, par exem-

---

1. J. Baird CALLICOTT, *In Defense of the Land Ethic : Essays in Environmental Philosophy*, Albany, State University of New York Press, 1989, p. 101.

ple, termine son livre *Le Contrat naturel* par ces phrases (parlant de la Terre, c'est-à-dire la nature) : « La reconnaîtrai-je pour ma mère, pour ma fille et mon amante ensemble ? Dois-je la laisser signer[1] ? » Dans le Datong de Serres, en effet, les philosophes peuvent faire l'amour avec la planète, et celle-ci peut écrire les livres à leur place...

Les droits des gorilles

Sous des dehors plus rationnels, le mouvement pour la libération des animaux ou celui, plus ambitieux, pour les droits de la nature ne sont que d'autres expressions de la pulsion identitaire du Datong. Ils consistent en effet essentiellement à refuser d'établir une distinction qualitative entre le sujet humain et le reste du monde vivant (voire inanimé). Ainsi, les droits reconnus à l'être humain peuvent être étendus aux autres êtres. Dans le projet international *Equality beyond humanity* (ou *Great ape project*), qui a fait beaucoup de bruit en 1995 et auquel participe notamment Peter Singer, l'auteur d'*Animal Liberation* (1975), par exemple, il s'agit d'étendre aux anthropoïdes (gorilles, chimpanzés, etc.), comme aux humains, le droit à la vie, à la protection de la liberté individuelle, l'interdiction de la torture, etc.

Ces mouvements se sont particulièrement développés

---

1. Michel SERRES, *Le Contrat naturel*, Paris, François Bourin, 1990, p. 191. On peut certes interpréter cette citation comme une image poétique ; mais elle ne fait que ramasser la thèse centrale du livre, qui repose sur une confusion délibérée entre la subjectité – ou le niveau ontologique – de l'homme et celle de la planète ; confusion impardonnable de la part d'un philosophe des sciences. Cette question de la subjectité humaine est discutée plus loin.

dans les pays de culture anglo-saxonne, et ils portent la marque du pragmatisme de cette culture. En apparence, les positions d'un Peter Singer sont à mille lieues des métaphores échevelées d'un Michel Serres. Au fond néanmoins, il s'agit d'un même refus d'accorder à la subjectité humaine un statut particulier. Chez Serres, c'est la nature qui devient sujet ; d'où l'idée de conclure un contrat entre elle et l'humanité. Cette position est, si l'on veut, dans la lignée du romantisme : le sujet humain projette sa subjectivité sur la nature (qui devient donc sujet du fait de cette projection). Chez Singer, au contraire, dans la lignée du positivisme, la subjectité n'entre pas en scène : c'est objectivement (autrement dit en soi, et non pas pour le sujet humain) que la nature aurait des droits. L'on voit toutefois que, entre la nature sujet de droit selon Serres et la nature détentrice de droits intrinsèques selon Singer, il n'y a aucune différence de statut vis-à-vis de l'être humain : de celui-ci à la nature, on reste sur le même plan ; autrement dit, dans l'état du Datong.

DU HOLISME AU FASCISME

Incohérence de la notion de « droits de la nature »

À la différence des mœurs, qui sont tissées des approximations et des non-dits de la vie courante, l'éthique ne peut se passer de principes ontologiques explicites et cohérents. Que l'on doive éviter de faire souffrir un animal, en particulier un anthropoïde, cela relève des évidences de la vie

ordinaire et ne demande guère d'interrogations ontologiques : les notions de bienveillance ou de cruauté, qui relèvent de ces évidences, n'ont jamais eu de frontières précises
dans le langage courant, et l'on trouverait facilement, à
toutes les époques et dans toutes les cultures, des exemples
montrant que leur champ d'application ne concerne pas
seulement l'être humain. Il en va tout autrement lorsque,
sur un plan proprement éthique, on se met à parler de
« droits de la nature ». Alors en effet l'on ne peut se passer
de fondements ontologiques : il faut savoir précisément
quels êtres, et à quel titre (actif ou passif, plein ou partiel,
absolu ou conditionnel...), sont concernés par les grandes
catégories éthiques que sont les droits, les devoirs, les
vertus, etc. Ce n'est que sur de tels fondements qu'il peut
être justifiable d'édicter des règles morales.

Or les assimilations comme celles que nous venons de
voir – l'extension aux animaux des droits de la personne
humaine, l'identification de la planète à un sujet de droit,
etc. – reposent sur de graves incohérences au niveau de ces
fondements. La plus évidente concerne la relation entre
droit et devoir. Pour ce qui est des êtres humains, il y a
symétrie entre ces deux notions : chaque sujet a le devoir
de respecter le droit d'un autre sujet. Cette symétrie
n'existe plus quand on dépasse le cadre de l'humanité : la
notion de « droits de la nature » ne peut pas s'accompagner
de son symétrique virtuel, la notion de « devoirs de la
nature ». Aucune éthique n'imposera jamais à un cobra de
ne pas mordre un enfant, ni à la tectonique des plaques de
ne pas détruire Kôbe par un séisme.

Ainsi, la notion de « droits de la nature » est incohérente
dans son principe même. Il est par conséquent impossible
de fonder une éthique de l'environnement sur une telle

notion. Plus grave : par son absurdité, une telle notion détruit la raison même de l'éthique, à savoir la justification rationnelle du Bien et la réprobation rationnelle du Mal. Comme on va le voir, en effet, le discours de l'écologisme ne se limite pas à des prises de position contre les cruautés inutiles envers les bébés phoques ou pour la protection des espèces végétales menacées (genre de questions sur lesquelles, hormis ceux qui tirent directement bénéfice de l'état de choses actuel, il existe en fait un large consensus pour *humaniser* cet état de choses, sans qu'il soit besoin pour cela de révolutionner l'éthique). Chez certains auteurs, il aboutit en fait à des thèses radicalement contraires au respect de la personne humaine, voire de la vie humaine, c'est-à-dire à nier ce qui fonde la nécessité de l'éthique.

La double question de l'éthique

La question initiale de l'éthique est double. Il s'agit, indissociablement, de savoir *pourquoi* observer la règle morale, et *qui* doit l'observer. L'on ne peut, en effet, justifier une règle morale qui, dans la même catégorie d'être, vaille pour tel être mais ne vaille pas pour tel autre : la possibilité même de la morale suppose qu'elle s'applique à tous les êtres d'une même catégorie d'être. Une règle qui conférerait des droits ou des devoirs à certains êtres mais pas à d'autres serait soit immorale, soit fondée sur une ontologie distinguant ces êtres en catégories d'être différentes. C'est par exemple parce que nous distinguons l'être d'un poulet de celui d'un enfant qu'il n'est pas immoral (hormis pour certaines religions) de manger du poulet, mais qu'il est immoral de manger des enfants. Pour la même raison, il n'est pas immoral que le cobra morde l'enfant ; cela ne relève pas de l'éthique, parce que l'être du cobra n'est pas de la même catégorie que celui de l'enfant.

La réponse à la double question initiale de l'éthique ne peut avoir de valeur absolue ; elle varie en effet selon les cultures et selon les époques. Dans le Japon de l'époque Tokugawa, il était admis qu'un être de la catégorie d'être « guerrier » puisse sabrer unilatéralement un être de la catégorie d'être « marchand ». Pour la même raison – c'est-à-dire une différence ontologique –, il était admis au milieu du XIXᵉ siècle, dans les États du sud des États-Unis, qu'un Blanc achète un Noir, mais pas qu'un Noir achète un Blanc. C'est la modernité (notamment depuis la Déclaration des droits de l'homme de 1789) qui a supprimé ce genre de dissymétries : au plan éthique (sinon au plan des mœurs effectives), tous les humains appartiennent désormais à la même catégorie d'être.

Valeur morale et catégories d'être

On voit qu'il est impossible de dire que tel acte est bon ou mauvais – et corrélativement, qu'il est impossible de justifier une règle morale –, si l'on ne dit pas en même temps quelle catégorie d'être cela concerne. Tuer un enfant est mauvais, mais tuer un cobra peut être bon (par exemple avant qu'il ne morde l'enfant). La valeur morale de l'acte dépend de la catégorie d'être concernée.

Or, lorsque l'écologisme parle de « droits de la nature », il bouleverse cette catégorisation des êtres qui est la condition première de l'éthique. Ce faisant, ou bien (ce qui est le cas le plus fréquent) il maintient dans une totale confusion la question ontologique du *qui*, et produit de ce fait un discours incohérent ; ou bien, restant cohérent avec ses présupposés écologiques, il aboutit à des positions immorales. C'est ainsi que certains écologistes, tel William Aiken, ont soutenu qu'il serait bon, pour rétablir l'équilibre écologique de la planète, de diminuer les effectifs de l'humanité (le pourcentage de cette diminution varie selon les auteurs ; pour Aiken, il s'agirait de 90 %) [1]. Tel autre, Edward Abbey, écrit qu'il serait prêt à tirer sur un homme plutôt que sur un crotale pour préserver un écosystème fragile en région aride [2].

Incohérence et immoralité du holisme

Ces vues sont immorales et absurdes (absurdes notamment parce que leurs auteurs mêmes ne les appliqueraient pas, du moins espérons-le). Elles ont cependant une certaine logique et impliquent une certaine ontologie, à savoir un holisme, c'est-à-dire une ontologie où, au sein de la même catégorie d'être, l'être général l'emporte en valeur sur l'être particulier.

La catégorie d'être en question dans le holisme écologique est l'être vivant, sans distinction entre l'humain et les autres ; et l'être général de cette catégorie d'être étant la biosphère, l'intérêt de la biosphère l'emporte sur l'intérêt de l'humanité (qui n'est qu'une partie du tout qu'est la biosphère) et, à plus forte raison, sur celui d'un individu.

---

1. Cité par J. Baird CALLICOTT, *op. cit.* (*supra* p. 62), p. 92.
2. Dans son ouvrage à succès, *Désert solitaire*, commenté par J. Baird CALLICOTT, *ibid.*, p. 27.

Le holisme écologique supprime, comme on le voit, la question de la subjectité humaine, qui se pose pourtant immanquablement avec la double question initiale de l'éthique. En cela, sa position est intenable éthiquement. En effet, il explique bien *pourquoi* il faut respecter les écosystèmes, mais devant la question du *qui* doit les respecter, il est soit muet, soit incohérent ; car, si c'est bien l'être humain – plutôt, par exemple, que la sauterelle ou le virus du sida – qui doit être tenu pour responsable du respect des écosystèmes, cela suppose bien la subjectité de l'être humain, c'est-à-dire que cela suppose que l'être humain appartienne à une catégorie d'être – celle de sujet conscient et responsable – qui n'est ni celle de la sauterelle ni celle du virus du sida. Or le holisme écologique est obligé de supposer que tous les êtres vivants appartiennent à la même catégorie d'être ; sinon, il ne peut pas justifier sa position fondamentale, à savoir que l'être général l'emporte sur l'être particulier.

Il y a donc, au cœur du holisme écologique, une contradiction essentielle. Il est bien, à la fois, incohérent et immoral. Immoral parce qu'il implique la dévalorisation (voire la suppression) de l'être humain au rang de non-sujet ; absurde parce qu'il implique en même temps que l'être humain assume en tant que sujet cette dévalorisation, et se charge de la mettre en œuvre. De nouveau immoral, puisque cela implique aussi que certains êtres humains appliquent cette dévalorisation aux autres êtres humains (par exemple, que 10 % de l'humanité suppriment les 90 % surnuméraires). De nouveau absurde, parce que s'il veut éviter cette immorale sélection entre les êtres humains, il doit attendre que la nature la fasse toute seule (par exemple en laissant agir librement le virus du sida sur les populations africaines) ; c'est-à-dire, en fin de compte, qu'il ne doit *rien* faire... sinon agir responsablement, donc en tant que sujet humain, pour améliorer la situation !

Éthique et subjectité

Comme on le voit ici par l'absurde, la question de la subjectité humaine est à la racine même de l'éthique. Ce n'est autre que la question préjudicielle du *qui*, laquelle ne détermine pas seulement la qualité bonne ou mauvaise de l'acte, mais, antérieurement même, suppose l'existence de l'être qui peut poser cette question, à savoir l'être humain. Nous reviendrons longuement sur ce point au chapitre III ; mais auparavant, posons ici la conséquence directe de ce constat : tout jugement faisant abstraction de la subjectité humaine est, dans son principe même, soit étranger, soit contraire à l'éthique.

C'est ainsi que le déterminisme géographique ou environnemental est, au fond, contraire à l'éthique. En considérant les faits humains comme des conséquences de causes naturelles, il nie la subjectité humaine, en l'occurrence la capacité humaine de choisir entre plusieurs solutions possibles devant une même situation physique. Le déterminisme géographique n'est pas seulement faux – car historiquement, l'humanité n'a cessé d'adopter des solutions culturellement variées devant des situations physiques comparables –, il est immoral, parce qu'en rabaissant les phénomènes humains au rang des phénomènes physiques il nie foncièrement – tout comme le holisme écologique – la possibilité éthique de toute règle morale.

Certes, la plupart du temps, les tenants du déterminisme

géographique sont seulement incohérents, c'est-à-dire que leurs positions morales restent dans le cadre de l'éthique, tandis que leurs positions scientifiques nient la condition fondatrice de l'éthique. Ils continuent de reconnaître des droits et des devoirs à l'être humain, alors qu'ils prétendent en même temps démontrer que, pareil aux autres êtres vivants, il n'a pas la possibilité de choisir devant les déterminations naturelles de l'environnement. Or l'éthique suppose la possibilité de choisir : s'il ne peut pas plus choisir qu'un phoque ou qu'un baobab, alors l'être humain ne devrait pas avoir plus d'obligations morales que les phoques ou les baobabs.

La possibilité de choisir

Cette possibilité de choisir, propre à l'être humain, c'est ce sur quoi – contre le déterminisme géographique – insistait par exemple le possibilisme de l'école géographique de Vidal de La Blache. Les géographes déterministes qui aujourd'hui, comme Yasuda Yoshinori, pourfendent le possibilisme au nom de l'équilibre écologique de la planète, commettent à cet égard un contresens fondamental. Le possibilisme ne signifie en effet nullement que l'homme ait le *droit* de détruire l'environnement parce qu'il peut matériellement le faire ; il implique au contraire le *devoir* de protéger l'environnement en vertu de cette *possibilité* même, car elle implique du même coup la possibilité de choisir, qui est la condition de toute éthique.

Les lacunes de l'écologisme

Les positions écologistes reposent souvent sur des incohérences comparables à celles du déterminisme géographique. Celles-ci n'apparaissent en général pas au grand jour, parce que les questions particulières relatives à l'environnement sont si nombreuses et si pressantes qu'elles occultent les questions de fond ; à commencer par celle, ontologique, de la subjectité humaine. Cependant, dès qu'il faut préciser un peu ces questions de fond, les incohérences, les lacunes et les confusions du discours écologiste se dévoilent.

C'est le cas par exemple en matière juridique. En ce domaine, les thèses de « la nature sujet de droit », à la Serres, débouchent sur une série de questions sans réponse : qui – sinon des êtres humains – pourra être plaignant, avocat ou juge en matière d'environnement ? Qui – sinon des êtres humains – va interpréter, évaluer ou exiger les dommages ou les réparations ? Qui – sinon des êtres humains – va décider des politiques à suivre, des limites ou des contre-parties à imposer ? Qui – sinon des êtres humains – a, en fait, déjà défini les principes du droit de l'environnement, à savoir « les principes de précaution, d'action préventive, de correction à la source et de pollueur/payeur[1] » ?

1. Christian HUGLO et Corinne LEPAGE-JESSUA, « Comment défendre la nature ? », *Esprit*, mai 1995, p. 88.

Du naturalisme au fascisme

Le discours écologiste, cependant, ne comporte pas seulement des incohérences, des confusions et des lacunes. Dans certains cas, il développe logiquement et pleinement les conséquences éthiques de ses présupposés ontologiques, à savoir qu'il débouche sur des thèses fascistes. Qu'est-ce que le fascisme en l'occurrence ? C'est nier radicalement la catégorie d'être qui est propre à l'humain, à savoir la subjectité. Cette négation, au plan ontologique, est du même ordre que celle par laquelle le nazisme dénia naguère à la catégorie d'être « juif » les droits propres à la catégorie d'être de la personne humaine [1]. Historiquement, certes, les partisans des thèses écologistes de ce genre, tel William Aiken, ne sont pas passés au stade de l'action ; mais nous cherchons ici à définir les principes d'une éthique, non à dresser un inventaire des pratiques.

On trouve chez le naturaliste suisse Robert Hainard un véritable paradigme de ce fascisme virtuel. À commencer par le fantasme du retour à la matrice originelle, ici l'état paléolithique ; mais (et en cela Hainard est plus conséquent que le rêve Jômon d'un Umehara, par exemple), corrélativement, cela devra s'accompagner de la disparition des humains surnuméraires : « Il faut revenir à la situation paléolithique qui a duré si longtemps : une espèce humaine pas trop nombreuse, vivant des surplus d'une nature riche, variée, libre, qu'elle ne modifie que très localement [2]. »

---

1. Significativement, c'est en invoquant la nature (puisque le racisme repose sur la croyance en une différence biologique héréditaire entre les êtres humains) que cette inhumaine ontologie a été mise en pratique.

2. Robert HAINARD, postface à Philippe LEBRETON, *La Nature en crise*, Paris, Sang de la Terre, 1988, p. 330.

C'est logique, effectivement. Cela suppose aussi une éthique. Quels seront les fondements de cette éthique ? La nature, bien sûr, autrement dit le droit naturel. Et qu'est-ce donc, selon Hainard, que le droit naturel ? Quelque chose de purement écologique, mais aussi de complètement inhumain : « Il n'y a de droit naturel que celui d'être mangé ou de servir de fumier. La vie se conquiert, se défend [1]. »

---

1. Cité par Jean JACOB, « Du droit de servir de fumier, ou la face cachée de l'écologie », *Esprit*, février 1994, p. 36. Il est juste de noter qu'un tel argument pourrait aussi être utilisé pour fonder des droits proprement humains, et que Hainard – qui est surtout connu comme artiste, par ses estampes représentant la nature –, dans d'autres écrits, prend ses distances vis-à-vis des mouvements écologistes qui l'ont annexé. Encore une fois, ce que je veux montrer ici n'est pas que Hainard, Aiken et tant d'autres seraient effectivement des monstres d'immoralité, mais que le discours du holisme écologique est en lui-même intenable.

II

LE LIEN ÉCOUMÉNAL

III

Le respect
de la demeure humaine

ÉCOUMÈNE

La relation de l'humanité à l'étendue terrestre

Comme nous l'avons vu en introduction, l'écoumène, dans l'acception traditionnelle de ce terme, c'est la partie de la Terre qui est habitée par l'humanité. Dans cette acception, l'écoumène se définit contrastivement par rapport aux régions vierges de toute présence humaine. Or, aujourd'hui, l'humanité a étendu son emprise à toute la planète, et son activité se fait sentir directement ou indirectement du fond des océans jusqu'à la haute atmosphère, ou même au-delà. Pour certains géographes, le terme *écoumène* a donc perdu tout sens et raison d'être.

Notre point de vue est différent. L'écoumène, ce n'est pas une réalité ancienne qui aurait aujourd'hui disparu ; c'est au contraire une réalité d'autant plus actuelle que la présence humaine sur Terre est plus manifeste et plus problématique qu'elle ne l'a jamais été.

Cette réalité n'est pourtant pas une chose, ni un ensemble de choses. L'écoumène, c'est à la fois la Terre et l'humanité ; mais ce n'est pas la Terre *plus* l'humanité, ni l'inverse ; c'est la Terre *en tant qu*'elle est habitée par l'humanité, et c'est aussi l'humanité *en tant qu*'elle habite la Terre. L'écoumène est donc une réalité relative, ou, plus exactement dit, relationnelle ; d'où notre définition : *l'écoumène, c'est la relation de l'humanité à l'étendue terrestre.*

Ce n'est que dans les termes de cette relation – dans l'*en-tant-que* écouménal – que l'on peut examiner valablement des questions telles que celle de l'habitabilité de la Terre ; car elles sous-entendent toujours : en fonction de l'existence humaine. La Terre peut cesser d'être habitable – autrement dit, l'écoumène peut cesser d'exister – tout en restant écologiquement viable en ce qui concerne d'autres espèces que la nôtre (certaines bactéries, certaines algues, par exemple, voire toutes les espèces vivantes à part la nôtre) ; mais cette viabilité-là n'intéresse personne, car elle ne concerne pas l'être humain. L'habitabilité de la Terre n'a de sens qu'en termes d'écoumène.

La dimension éthique de l'écoumène

C'est pour la même raison que ce que l'on appelle « éthique de l'environnement » ne peut avoir de sens qu'en termes d'écoumène. Sans présence humaine, il n'y aurait que des trophismes écologiques, des déterminations éthologiques, mais pas d'éthique. La dimension éthique est exclusivement propre à la dimension écouménale. Elle est d'un autre ordre que le fonctionnement des écosystèmes et de la biosphère. Comme nous le verrons, s'il peut et s'il doit y avoir une éthique de l'écoumène, l'éthique de l'environnement est une chimère qui soit repose sur des incohérences ou des confusions, soit mène à des positions immorales, donc insoutenables éthiquement.

Pour la même raison, une éthique écouménale est autre chose qu'une addition de l'éthique, en tant qu'affaire de l'humanité, et de l'écologie, en tant qu'affaire d'environnement. Ce n'est pas en partant, d'un côté, d'une réflexion sur les conduites humaines (l'éthique), de l'autre, d'une science de la nature (l'écologie), en mélangeant leurs spécialistes respectifs et en juxtaposant leurs concepts que l'on pourra fonder éthiquement la relation de l'humanité à l'étendue terrestre ; c'est en examinant cette relation en tant que telle, et en cherchant comment, dans cette relation même, s'institue la dimension de l'éthique.

Notre démarche consistera donc, d'abord, à définir ce qu'est la relation écouménale, et à en dégager petit à petit les aspects proprement éthiques.

L'écosymbolicité

La notion même d'écoumène, issue d'*oikos*, implique l'habiter humain. Or celui-ci, comparé à ceux des autres espèces vivantes, présente une série de caractères particuliers, que l'on peut résumer en disant qu'il est toujours et nécessairement, *à la fois*, d'ordre écologique *et* d'ordre symbolique. Il est *écosymbolique*. Il implique une appropriation à la fois matérielle et sémantique de l'étendue, un aménagement et une interprétation du monde, un écosystème et un éthosystème (un système moral), une viabilité biologique et un ordre axiologique (un ensemble ordonné de valeurs concrètement incarnées dans les choses), lequel se réfère ultimement à une vérité qui transcende cet ensemble et qui lui donne sens.

En effet, comme dans les théorèmes de Gödel que nous avons vus au premier chapitre, l'éco-éthosystème de l'habiter humain ne se justifie – aux yeux de l'humanité elle-même – qu'en référence à une vérité qui transcende le système lui-même (nous n'entrerons pas ici dans une définition approfondie de la transcendance ; disons simplement qu'il s'agit d'un ordre d'idées incommensurable aux réalités immédiates). C'est ce que, selon les cultures, on appelle les dieux, Allah, le Tao, etc. ; et l'un des aspects de la crise de la modernité, c'est justement qu'en cherchant à se passer de cette transcendance elle a tendu à vider l'écoumène de sens.

Ces caractères valent à toutes les échelles de l'habiter humain, de la moindre hutte jusqu'à l'ensemble de l'écoumène. À toutes ces échelles, l'être humain ne vit pas seulement dans une relation écologique ; il existe dans la dimension de ce que Heidegger appelait la *mondéité (Welt-lichkeit)*. Cela signifie, pour ce qui nous concerne ici, que l'écosymbolicité de l'écoumène n'a rien à voir avec la neutralité du point de vue de la science moderne sur l'étendue ; elle implique en tant que telle une éthique, parce que tous les lieux y sont, toujours, chargés de valeurs humaines. Si, comme l'écrivit Hölderlin, *dichterisch wohnt der Mensch* (poétiquement habite l'Homme), nous devons ajouter cet axiome de la relation écouménale : *éthiquement habite l'Homme.*

Inversement, les actes d'aménagement qui ne tiennent pas compte de cette relation éthique de l'être humain à ses lieux, que ce soit à l'échelle d'un quartier ou à celle d'une région, dérèglent la relation écouménale : ils aboutissent à produire un monde inhabitable (écosymboliquement, ce qui ne veut pas dire qu'il ne soit pas viable biologiquement). Une construction dont la technique serait purement fondée sur la science (relevant seulement du *is* et non du *ought*), autrement dit purement fonctionnelle, serait totalement inhumaine. En bien ou en mal, l'habiter humain ne peut qu'être éthique.

L'écosymbole comme être dans l'étant

La raison fondamentale de cette relation nécessaire entre l'éthique et l'écoumène est d'ordre ontologique. Dans cette entité relationnelle qu'est l'écoumène, à la différence du monde objectif et abstrait que considère la science, rien ne peut exister *en soi*, autrement dit dans sa nature propre (la science, au contraire, cherche à saisir l'en-soi de l'objet). Dans l'écoumène, tout est référé à l'existence humaine. Les choses n'existent qu'*en tant que* l'être humain leur donne sens par sa propre existence. La pluie, par exemple, n'existe qu'en tant que nous la percevons, l'interprétons, l'attendons comme un bienfait, la maudissons comme une calamité, etc. Même pour le scientifique, qui ne peut s'abstraire que partiellement de sa condition écouménale, elle n'existe qu'en tant qu'il l'étudie dans un certain but (mesurer un indice d'aridité par exemple). Dans l'écoumène, la pluie en soi n'existe pas.

Autrement dit, dans l'écoumène, on ne peut pas séparer l'*étant* de l'*être*. Comme on l'a vu au premier chapitre, cette séparation de l'être et de l'étant fut l'origine lointaine et la condition primordiale de la science moderne. Selon Heidegger, Platon aurait même pensé que l'être et l'étant sont en des endroits différents[1]. Au contraire, les poètes ont toujours su intuitivement – et après eux la phénoménologie a montré ontologiquement – que, dans le monde ambiant (c'est-à-dire l'écoumène pour ce qui nous concerne ici), l'être et l'étant se rejoignent. Comme le disait Bashô, « ce que c'est qu'un pin, apprends-le du pin ».

L'écosymbolicité n'est autre que la focalisation de l'être dans l'étant ; car dans l'écoumène, tous les êtres non humains – des cailloux aux cathédrales, des gorilles aux brins d'herbe, des bactéries aux nuages – sont des écosymboles où s'exprime l'en-tant-que de notre relation au monde. C'est pour cela, fondamentalement, que l'Homme habite poétiquement, et c'est pour la même raison que la relation écouménale est aussi une relation éthique. C'est encore pour cela qu'inversement l'on ne peut pas fonder une éthique sur la science en tant que telle (ici l'écologie), mais seulement dans la mesure où celle-ci, quittant son propre domaine (la recherche de l'en-soi de l'être), se soumet aux exigences de la vie sociale. Néanmoins, ignorant cette différence ontologique entre l'objet de la science et la réalité de l'écoumène, nous – tant les scientifiques que les autres – sommes portés à croire au contraire que la science, en tant que telle, permet des prescriptions d'ordre éthique. Cette confusion fort commune peut entraîner des aberrations immorales, telles que l'eugénisme de l'Allemagne nazie ou que le fascisme écologique dont nous avons parlé au chapitre II.

---

1. Voir Martin Heidegger, *Qu'appelle-t-on penser ?*, Paris, P.U.F., 1959, p. 261.

Médiance et trajectivité du monde ambiant

Ce n'est que dans la première moitié du XXe siècle que des philosophes comme Martin Heidegger (1889-1976) et, à sa suite, Watsuji Tetsurô (1889-1960)[1] ont montré que la réalité du monde qui nous entoure est irréductible au monde d'objets que considère la science, sans être non plus réductible à l'intériorité du sujet – l'autre pôle de l'alternative moderne classique.

Reprenant le concept de *médiance (fûdosei)* que Watsuji introduisit en 1935, et que je définis pour ma part comme *le sens d'un milieu,* c'est-à-dire *le sens de la relation d'une société à l'étendue terrestre,* je considère que la réalité de l'écoumène (l'ensemble des milieux humains), qui n'est donc ni proprement objective ni proprement subjective, est d'ordre *trajectif.*

Nous allons détailler, au cours de ce chapitre et des deux suivants, ce en quoi consiste et ce qu'implique éthiquement la trajectivité des milieux humains, ou de l'écoumène en général. Auparavant, synthétisons par un tableau la perspective introduite par Heidegger et Watsuji. Dans ce tableau (construit librement à partir d'une réflexion sur ce qu'ont apporté ces deux auteurs, auxquels on se gardera de l'attribuer directement), les deux ailes « espace » et « temps » se répondent de part et d'autre du corps principal

---

1. Dans la suite de ce livre, je me référerai abondamment à deux œuvres de ces philosophes. Sauf mention contraire, il s'agira de *Sein und Zeit (Être et Temps),* dans la réédition de 1993 (première édition : 1927), Tübingen, Niemeyer ; et de *Fûdo, ningengakuteki kôsatsu (Le Milieu, étude de science humaine)* dans la réédition de 1962 (première édition : 1935), vol. VIII des œuvres complètes de Watsuji, Tôkyô, Iwanami.

« monde ambiant », qui est indissolublement espace et temps. L'écoumène appartient à ce corps principal, au même titre que le milieu mais à une autre échelle (celle de la planète). La nature de la relation écouménale n'est donc autre que la médiance. C'est aux deux ailes que s'attache le point de vue de la science moderne classique ; et c'est le corps principal qu'a découvert, au XXe siècle, la phénoménologie herméneutique :

TEMPS	MONDE AMBIANT	ESPACE
objectivation/abstraction	existence humaine	abstraction/objectivation
universalité	mondéité	universalité
histoire	époque/milieu	environnement
historicité	époqualité/médiance	trophismes écologiques

Le moment structurel de notre existence

Répétons un point essentiel : le corps principal – contrairement à une opinion répandue à propos de la phénoménologie – *n'est pas* la dimension de la subjectivité (individuelle ou collective), tandis que les deux ailes seraient celles de l'objectivité. Sa dimension est celle de la trajectivité, qui comprend tous les êtres et pas seulement l'intériorité du sujet ; et c'est par un effort d'abstraction ou d'arrachement à partir de ce corps principal – dans lequel vit forcément le scientifique – que la science tente d'étendre les deux ailes de l'universalité. Toutefois, si poussée que puisse être cette objectivation, le point de vue de la science – comme nous l'avons vu au premier chapitre – ne peut jamais s'abstraire totalement de la mondéité (autrement dit, ne pouvant jamais être totalement objectif, l'être humain ne peut jamais saisir le pur en-soi de l'objet).

Notons immédiatement un autre point capital. La découverte de la mondéité par la phénoménologie herméneutique et, à plus forte raison, la notion de trajectivité n'équivalent en rien à un retour à la situation antérieure à la modernité, à savoir à la confusion du subjectif avec l'objectif. Bien au contraire, analyser la trajectivité d'un milieu ou d'une époque exige de la part de l'observateur un effort d'objectivation d'autant plus rigoureux qu'il se sait pris forcément − cela tient à son existence même, comme l'ont montré Heidegger et Watsuji − dans la médiance et l'époqualité du monde où il vit. En ce sens, les notions de mondéité, de médiance (ou d'époqualité) et de trajectivité, loin de témoigner d'une régression en deçà de la modernité, témoignent au contraire de son dépassement par la pensée du XXᵉ siècle.

En revanche, le déterminisme géographique ou le holisme écologique, par exemple, ignorant la médiance − ce « moment structurel de l'être-humain [1] » (*ningen sonzai no kôzô keiki* ; l'expression est de Watsuji), autrement dit cette motivation essentielle de notre existence − s'imaginent appréhender les lois internes de la relation entre les sociétés et leur environnement, alors qu'il ne font que projeter inconsciemment, telle quelle, cette motivation sur la réalité du monde ambiant.

Le point de vue de la médiance, au contraire, cherche à déceler cette motivation, dans la mesure même où il la reconnaît comme inhérente à la condition écouménale de

---

1. Dans cette expression, « moment » est à entendre comme en mécanique, c'est-à-dire puissance de mouvoir ; et le trait d'union d'« être-humain » indique qu'ici « être » est un verbe plutôt qu'un substantif.

l'être humain. C'est cela justement que nous allons tenter d'analyser ci-dessous.

MÉDIANCE

La spatio-temporalité du monde ambiant

La médiance en tant que sens d'un milieu et, corrélativement, l'époqualité en tant que sens d'une époque ne sont pas affaire seulement de sémantique au sens ordinaire ; elles impliquent aussi des relations écologiques et une substantialité physique. Il s'agit d'un sens écosymbolique, lequel comporte à la fois, et indissolublement, une dimension spirituelle (des significations), une dimension charnelle (des sensations) et une dimension physique (des orientations spatiales et des évolutions temporelles). Corrélativement, médiance et époqualité s'impliquent mutuellement : la première est d'ordre plutôt spatial et la seconde d'ordre plutôt temporel, mais elles s'allient dans la mondéité du monde ambiant, qui est spatio-temporelle.

Nous examinons ici la médiance, qui est l'essence de l'écoumène, mais il faut garder à l'esprit cette spatio-temporalité du monde ambiant, dont l'écoumène participe. Comme nous le verrons plus loin, c'est justement parce que l'écoumène est un espace-temps, et pas seulement un espace, que s'y institue la dimension de l'éthique.

La trajectivité des milieux humains, donc de l'écoumène, est spatio-temporelle. On ne peut pas l'analyser comme purement spatiale, à la manière dont Descartes considéra l'objet comme une « chose étendue ». Réciproquement, on ne doit pas considérer une époque comme quelque chose de purement temporel : l'époqualité implique aussi l'espace, comme la médiance implique aussi le temps.

Corrélativement, tous les phénomènes propres à la trajectivité de l'écoumène sont marqués par la contingence : ils peuvent se produire ou ne pas se produire. Ils ne relèvent pas de la causalité qui vaut dans le monde physique. En effet, contrairement à l'objet cartésien (celui que considère la science moderne), ils n'existent pas en soi, mais seulement en tant qu'une médiance et une époqualité singulières les instituent. C'est la raison fondamentale pour laquelle le déterminisme se fourvoie lorsqu'il s'applique à ces phénomènes.

La trajectivité du paysage

Le meilleur exemple que l'on puisse en donner, c'est le fait que la notion de paysage n'existe ni à toutes les époques ni dans tous les milieux humains. Le paysage est une entité qui apparaît en Chine vers le IVe siècle de notre ère, et en Europe à la Renaissance. Si nous pensons que le paysage existe partout et toujours, c'est simplement parce que nous sommes pris dans la mondéité de notre époque et de notre milieu, et que, par une projection subjective, nous confondons le paysage (qui est une entité trajective) avec cette entité objective qu'est l'environnement. L'environnement a l'universalité de l'objet : il existe toujours et partout, pour les sociétés humaines comme pour les sociétés animales ou végétales ; mais ce n'est pas le cas du paysage.

Que le paysage est une entité trajective signifie qu'il

n'existe qu'en tant qu'on est disposé à le voir ; sinon, ce n'est pas du paysage qu'on voit, mais autre chose, c'est-à-dire d'autres entités trajectives, propres à la médiance et à l'époqualité du monde auquel on appartient. C'est en ce sens qu'il faut comprendre le mot de Paul Cézanne (1839-1906), selon lequel les paysans de la région d'Aix ne « voyaient pas » la Sainte-Victoire. En effet, pour voir la montagne Sainte-Victoire en tant que paysage, il faut un regard paysager, c'est-à-dire qui cherche à voir du paysage. C'est là ce qu'exprimait en d'autres termes Xie Lingyun (385-433), en posant qu'il faut chercher le beau *(mei)* pour voir le paysage *(shanshui)* ; et c'est ce même phénomène qu'indique Heidegger quand il dit que pour écouter, il faut entendre.

Pour notre manière de penser ordinaire, de tels jugements sont absurdes, ou pour le moins paradoxaux : l'on se figure au contraire que, pour entendre, il faut écouter, et que tout le monde peut voir la Sainte-Victoire à moins d'être aveugle (le sens commun admet cependant que, dans le domaine de la foi, cette logique paradoxale puisse exister ; c'est ce que, dans la religion chrétienne, exprime la parole divine « tu ne me chercherais pas si tu ne m'avais déjà trouvé »). Mais notre sens commun, en l'affaire, n'est que le prisonnier de notre médiance. Il confond le paysage avec une donnée physique substantielle. Ce faisant, il ne peut pas comprendre (il refuse même de se demander) pourquoi, avant la diffusion de la modernité occidentale, le mot même de paysage – sans parler même de tableaux de paysage, de littérature paysagère, de jardins paysagers, etc. – n'existait pas dans la plupart des langues de l'humanité, à commencer par la langue française avant le XVIe siècle. En croyant que le paysage est un phénomène universel, alors que c'est un phénomène propre à certaines médiances mais pas à d'autres, notre sens commun est simplement borné par l'horizon de notre propre monde.

Le paysage, en réalité, c'est un *effet de monde* ; c'est-à-dire quelque chose qui se manifeste en fonction d'une médiance et d'une époqualité ; il relève de la mondéité, non pas de l'universalité de l'objet. Il en va de même de toutes les entités trajectives, autrement dit de tous les « en-tant-que » dont est constituée la réalité de l'écoumène.

Les catégories de l'en-tant-que écouménal

Ces entités trajectives, on peut les regrouper en quatre grandes catégories : des *ressources*, des *contraintes*, des *risques* et des *agréments*. Le paysage, par exemple, n'existe pas en soi (ce n'est pas un objet) ; c'est le plus généralement un agrément (il est agréable à voir), mais selon les cas ce peut aussi être une ressource (touristique), une contrainte (si un règlement d'urbanisme le protège) ou un risque (la surfréquentation d'un beau paysage peut entraîner des nuisances). Tout cela est marqué par la *contingence* propre à la médiance (c'est-à-dire que cela dépend des cas) et n'a donc rien à voir avec l'universalité de l'objet. Dans une médiance où n'existerait pas la notion de paysage – par exemple dans la France du XIVe siècle –, ni les agréments, ni les ressources, ni les contraintes, ni les risques constitutifs du paysage n'existeraient non plus. En revanche, ils existent dans la France d'aujourd'hui.

La réalité est trajective

Une entité qui peut exister ou ne pas exister selon les cas, cela ne veut rien dire ni pour le sens commun (qui absolutise le relatif en confondant les réalités trajectives de son propre monde avec des substances – des réalités en soi) ni pour la physique moderne classique (qui recherche l'en-soi de la réalité). Au-delà de la modernité, en revanche, cela veut dire quelque chose et pour la physique quantique (où, selon les cas, une même réalité peut être ou bien une particule ou bien une onde) et pour le point de vue de la médiance quant aux réalités écouménales. Tant à l'échelle des particules subatomiques qu'à celle du paysage, la réalité, c'est cela même : quelque chose de trajectif.

C'est parce que la réalité de l'écoumène est trajective que notre subjectivité peut la saisir intuitivement. L'intuition ne fonctionnerait pas si les choses de notre milieu étaient de purs objets, c'est-à-dire radicalement distinctes de notre subjectivité. Mais ce que l'intuition nous donne à saisir est par là forcément inscrit dans le champ d'une médiance ; ce n'est pas l'universalité de l'objet. Partant, l'intuitionnisme engendre des visions mythiques de la réalité. Nous en avons vu un exemple avec la manière dont Watsuji interpréta faussement les origines de l'esprit scientifique en Europe. La « nature des choses » que nous livre l'intuition, ce n'est jamais que celle que nous voulons voir [1].

---

1. En ce sens, la trajectivité est synonyme d'intentionnalité. Cependant, la trajectivité de l'écoumène comprend aussi des aspects objectifs (le fonctionnement des écosystèmes, etc.) que la notion d'intentionnalité ne recouvre pas. C'est là la raison principale, mais non la seule, pour laquelle nous ne sommes pas conscients de la médiance de notre milieu.

La question, néanmoins, ne se borne pas à ce constat négatif. Dans la logique trajective de l'écoumène, ce que nous voulons voir n'est autre que la réalité. Entre les erreurs les plus grossières de la pensée désirante chez tel ou tel individu, d'une part, et, d'autre part, les vérités établies de ce que l'on appelle un paradigme dans l'histoire de la pensée scientifique, il n'y a pas la discontinuité radicale qu'y voit l'opinion commune ; car dans l'un comme dans l'autre cas, la vérité ou l'erreur en question sont le fait d'êtres humains, qui vivent dans un certain monde et non point d'une part dans le monde, d'autre part hors du monde. La pensée humaine est forcément (essentiellement) marquée par la mondéité ; autrement dit, il n'est de vérité que relative. Toutefois, cela ne veut nullement dire que l'universalité n'existe pas ; mais seulement qu'il y a une différence d'échelle entre le monde des uns et celui des autres. Ce qui paraît universel à une certaine échelle apparaît, vu à l'échelle de ceux qui en savent plus, comme seulement relatif à une certaine vision du monde ; mais à son tour l'universalité de ceux qui en savent plus est un effet de monde, marqué de médiance et d'époqualité ; et ainsi de suite (nous verrons au chapitre IV que cette structure emboîtée des mondéités de diverses échelles implique que, dans certaines conditions, par exemple dans l'illumination bouddhique, l'intuition puisse atteindre quelque mondéité ultime). Telle est, dans sa logique gödelienne, la réalité de l'histoire des connaissances humaines. Telle est l'histoire de ce que nous appelons réalité.

La médiation culturelle

Ce dont nous venons de voir les principes dans l'abstrait, l'étude historique et géographique des différents milieux humains le confirme. Nulle part, jamais, la réalité n'existe autrement que médiatisée par une médiance et une époqualité ; mais on ne peut s'en rendre compte que de l'extérieur et après coup.

L'ensemble des médiations qui font une médiance, c'est ce que nous appelons culture ou civilisation. Ces médiations constituent des systèmes divers, qui sont néanmoins toujours liés les uns aux autres. Les systèmes symboliques y sont toujours trajectivement liés aux systèmes matériels, formant ainsi les écosymboles de la réalité.

La langue en est un excellent exemple. Ce n'est que dans l'univers démondisé de la science linguistique moderne que la langue est un système composé de symboles arbitraires (il est en effet arbitraire d'appeler *table*, ou *zhuozi*, ou *tsukue*, ou *Tisch*, etc. ce qui n'est qu'une même chose). Dans la réalité trajective du monde ambiant, la relation entre la chose et le mot n'est nullement arbitraire : une table est « une table », et un chat « un chat ». Le mot et la chose s'appellent l'un l'autre, ils *n'existent pas* l'un sans l'autre.

Cette relation nécessaire entre le symbole et la réalité ne concerne pas seulement les meubles ou les animaux ; elle caractérise toute l'écoumène. Dans l'écoumène, le sol qui nous porte lui-même n'existe qu'en tant que nous l'appelons « terre » ; et même, il n'existe qu'en tant que nous l'appelons du nom propre d'un toponyme : Paris, etc. Réciproquement, les mots « terre » ou « Paris » n'existent qu'en tant qu'il existe des choses telles que la terre ou Paris.

Ce sont là des exemples très simples ; mais la même logique trajective vaut pour tous les systèmes de médiations qui font une médiance. C'est pourquoi il existe autant de réalités que de cultures et, de même, plus particulièrement, autant de réalités que de langues. Les linguistes appellent cela l'« hypothèse Sapir-Whorf ». Cette idée ne peut en effet que rester indéfiniment une hypothèse du point de vue de la science, qui par sa nature même abstrait les systèmes linguistiques de la nécessité du lien écouménal, pour en faire des systèmes de signes arbitraires. En retour, la redécouverte du lien écouménal (ce à quoi équivaut l'hypothèse Sapir-Whorf) à partir de l'arbitrarité de la langue ne peut être, en effet, que très hasardeuse. La logique de l'écoumène (sa médiance) est une logique d'ensembles émergents, que l'on ne peut pas reconstituer à partir de leur décomposition en éléments « arbitraires » les uns par rapport aux autres. Autant essayer, comme le Dr Frankenstein, de recréer un être humain à partir de morceaux de cadavres différents.

Le lien écouménal

Les pratiques humaines se fondent dans la liaison nécessaire entre symbole et chose qui suscite la réalité de l'écoumène. Certaines tirent systématiquement parti de ce *lien écouménal* ; c'est ce que nous appelons la magie, dans laquelle, par exemple, la représentation symbolique d'une personne par une poupée est censée équivaloir à la présence réelle de la personne en question. Cependant, et quoique de manière plus diffuse, toutes les pratiques humaines tablent inconsciemment sur le lien écouménal ; car c'est ce qui fait que les choses ont du sens. Lorsque nous agissons, en effet, nous n'avons pas, d'une part, des significations en tête et, d'autre part, des choses en main ; nous vivons le sens des choses dans notre chair, parce que notre existence est, comme celle des choses, engagée dans la médiance de notre milieu et entraînée dans l'époqualité de notre époque.

C'est aussi dans le lien écouménal que s'enracine la dimension éthique de l'existence humaine et que, corrélativement, se fonde la possibilité d'une éthique de l'écoumène. En effet, dans l'écoumène, tout fait sens (c'est-à-dire médiance) : chaque chose, chaque geste engage notre sensibilité et, partant, notre sens des valeurs, ainsi que les significations qui, dans notre esprit, s'organisent en grandes catégories : juste/faux, bon/mauvais, beau/laid, etc. Dissocier les choses de nos jugements éthiques ou esthétiques, cela n'est possible que dans l'univers démondisé de la science ; dans la trajectivité de l'écoumène, il n'y a rien qui ne soit éthique ou esthétique.

Répétons que tout cela n'a de sens qu'en fonction d'une époque ou d'un milieu. Ce n'est par exemple qu'au XIXᵉ siècle que les Américains du Nord se sont mis à trouver beau et bon l'espace sauvage du *wilderness*, et à partir du XVIIIᵉ siècle que les Européens se sont mis à trouver la montagne belle et bonne, alors que les Chinois en avaient fait autant dès le IVᵉ siècle ; inversement, c'est à partir de l'Occident, via le Japon, qu'en ces dernières années du XXᵉ siècle les Chinois commencent à découvrir la notion de paysage urbain et ses implications pratiques. Avant ces effets de monde, les Américains maudissaient le *wilderness*, les Européens ignoraient les plaisirs et les vertus de l'alpinisme, et les Chinois d'aujourd'hui ravagent encore allégrement leurs paysages urbains.

À l'échelle de la planète, la prise en compte des équilibres écologiques est également un effet de monde, qui aura caractérisé l'époqualité du XXᵉ siècle. Plus ou moins précocement selon les pays, des évidences se sont imposées, qui auparavant n'étaient même pas envisagées, voire étaient perçues dans un sens diamétralement opposé. Dans le Japon de Meiji, par exemple, la fumée des usines était un signe positif, de même qu'au Moyen Âge, en Europe, la puanteur d'une ville : dans les deux cas, cela connotait la richesse et l'activité. Il n'en va pas de même aujourd'hui. Les Parisiens, jusque dans les années soixante, ne s'inquiétaient pas de la disparition progressive du poisson dans la Seine ; aujourd'hui, l'on guette anxieusement la réapparition des espèces qui l'avaient fuie. C'est qu'aujourd'hui comme hier toutes ces choses ont un sens qui, à travers le lien écouménal, bien au-delà des trophismes écologiques, concerne notre existence au plus profond de notre être.

MOTIVATION

Corporéité et médiance

Le développement du courant phénoménologique dans la pensée du XXᵉ siècle – et plus particulièrement la phénoménologie herméneutique de Heidegger – a montré clairement que notre être est relationnel ; on ne peut l'abstraire du monde qui nous entoure. En ce sens, comme nous l'avons vu au premier chapitre, le courant phénoménologique est l'homologue, en termes ontologiques, de ce que l'écologie a été en termes biologiques : pas plus que les autres êtres vivants, l'être humain ne peut vivre sans un environnement.

Cela étant, la phénoménologie européenne, par exemple chez Merleau-Ponty, a centré son examen sur la corporéité de l'être humain. Elle a montré que la chair est autre chose que la simple addition d'un corps et d'un esprit, tout en montrant l'étroite liaison de la corporéité avec les choses. En ce sens, on peut dire, comme Watsuji le remarqua dès 1928 à propos de Heidegger, que cette pensée s'attache à l'être individuel plutôt qu'à l'être social, et que de ce fait même elle ne prend pas en compte la dimension médiale de notre être (« médial », *fûdoteki*, correspond ici à écouménal, mais relève de l'échelle d'une société, non de l'humanité).

Donnant raison sans le savoir à la critique watsujienne, en Europe, même les philosophes qui, comme Emmanuel Levinas ou Didier Franck, ont contesté la priorité que Heidegger accorde à la temporalité sur la spatialité tendent à ramener la question à celle de la corporéité.

De son côté Watsuji, en partant aussi de l'idée que notre être n'est pas moins spatial que temporel, a développé la perspective herméneutique dans une tout autre direction. Dans *Fûdo* (*Le Milieu humain*, 1935), il montre que ce qu'il appelle l'*être-humain* (*ningen sonzai*) est autre chose que l'être de l'humain (*ningen no sonzai*) comme entité individuelle. L'être-humain est duel : il est *à la fois* individuel et social. Pour la même raison, il est inséparable d'un milieu (*fûdo*).

À partir de là, Watsuji développe une théorie de la médiance (*fûdosei*) qui reprend l'essentiel des concepts heideggeriens, mais en opérant un décentrement systématique : au lieu de les référer au foyer du *Dasein* (c'est-à-dire le foyer de l'être de l'Homme), il les réfère à la nature environnante. Toutefois, ce recentrement reste dans la perspective phénoménologique ; il ne s'agit en rien de la perspective de l'écologie [1]. Le milieu (qui relève de la première) n'est pas l'environnement (qui relève de la seconde). Watsuji pose cette distinction dès les premières lignes de *Fûdo*, et récuse d'avance toute confusion à cet égard.

Le milieu n'est pas l'environnement

Le principe de la différence que Watsuji établit entre milieu et environnement, c'est que le premier suppose l'existence du sujet humain en tant que tel ; alors que le second est objectivé par le mouvement d'abstraction que Heidegger, de son côté, appelle *Entweltlichung* (démondisation). Si l'on se réfère à notre tableau de la page 84, c'est le mouvement par lequel on passe du corps principal (le monde ambiant) aux deux ailes (l'universalité de l'objet).

Sur cette base, Watsuji montre que tous les phénomènes de milieu (qu'il s'agisse de la pluie, de la forêt, etc.) sont l'expression de la subjectité humaine. Autrement dit, c'est notre être même qui s'exprime dans ce que nous percevons de l'environnement, lequel, de ce fait, devient proprement un milieu humain.

Ainsi, la question de la médiance est inséparable de celle de la corporéité. Watsuji va jusqu'à dire que le milieu est

---

1. Je laisse ici à « écologie » son sens premier, c'est-à-dire l'étude scientifique des relations entre les composants des écosystèmes. Il ne s'agit pas du sens étendu que ce terme peut prendre chez certains auteurs, qui en font une philosophie de l'existence fondant une morale et une politique.

notre chair même. Il s'agit là plus que d'une métaphore, que d'ailleurs l'anthropologie culturelle a depuis amplement corroborée en montrant les symbolismes par lesquels les sociétés tendent à assimiler leur environnement à un corps humain (c'est la raison lointaine pour laquelle, en français par exemple, la montagne a des « pieds », des « flancs », des « cols », des « mamelons », des « gorges », etc.). Chez Watsuji, cette assimilation est inhérente à notre être même : sans elle, nous n'existerions pas.

Ce que Watsuji posait ainsi, l'écologie le posait au même moment à sa manière en découvrant les écosystèmes (l'article où Arthur Tansley introduisit cette notion a été publié la même année que *Fûdo*). Aujourd'hui seulement (car, leur vie durant, Watsuji comme Tansley sont restés dans leurs mondes respectifs) l'on peut synthétiser ce parallélisme en établissant l'homologie suivante :

PERSPECTIVE PHÉNOMÉNOLOGIQUE	PERSPECTIVE ÉCOLOGIQUE
chair/milieu	corps/environnement

laquelle signifie que le milieu est à la chair ce que l'environnement est au corps ; à savoir une entité qui lui est nécessairement, structurellement et fonctionnellement liée. C'est dire du même coup les ravages que peuvent exercer sur notre être la destruction de l'environnement, dans la mesure où celui-ci est aussi notre milieu.

La projection du moi extérieur

Cette homologie fonde, ontologiquement et scientifiquement, les projections tant collectives qu'individuelles de la subjectivité humaine sur le monde environnant. Celles-ci ne font que traduire, métaphoriquement, la réalité de la médiance où baigne notre être. Les poètes y ont été particulièrement sensibles, qui depuis si longtemps font dire aux choses de l'environnement ce qu'ils éprouvent eux-mêmes. Certes ils le disent à la façon de leur culture, et toutes les langues ne s'y prêtent pas également. Pourtant, même au pays de Descartes, le paysage peut parler comme dans *Le Lac*, de Lamartine, et dire les sentiments du poète. Quant à la culture à laquelle appartenait Watsuji, il est certain qu'elle se prête particulièrement bien à concevoir le « hors-de-soi » *(Ausser-sich)* qui, dans la perspective de la phénoménologie herméneutique, représente cette projection de notre être sur le monde. La tradition bouddhique, notamment, a depuis longtemps reconnu l'existence d'un moi extérieur, qui n'est autre que le monde environnant. Commentant à cet égard les textes indiens, le prince Shôtoku (573-622) a en quelque sorte institué cette notion (rendue en japonais par *tagasho* ou *kemyôga*) en vérité nationale [1].

On voit par cet exemple que le point de vue de la médiance n'est pas dénué d'antécédents. Toutefois, ce n'est pas seulement l'héritage « oriental » de Watsuji qui lui a fait développer la perspective heideggerienne de telle sorte que

---

1. À ce sujet, voir Frédéric GIRARD, « Le moi dans le bouddhisme japonais », *Ebisu*, n° 6, juillet-septembre 1994, pp. 97-124.

nous pouvons aujourd'hui à bon droit considérer *Fûdo* comme la référence nécessaire de tout questionnement ontologique sur le milieu humain. La pensée de Heidegger, gagnant la géographie sous la plume d'Éric Dardel dans *L'Homme et la terre* (1952), a engendré une vision voisine de celle de Watsuji, au moins quant aux fondements théoriques (à la différence de Dardel, en effet, dans l'illustration de ses thèses par des exemples concrets, Watsuji, pour des raisons que nous verrons plus loin, tombe dans un déterminisme qui entre en contradiction avec ces mêmes thèses). À la notion de *fûdosei* correspond chez Dardel la *géographicité*. Celle-ci implique les mêmes projections : « La montagne, la vallée, la forêt ne sont pas seulement un cadre [...] Elles sont l'homme lui-même[1]. »

Quant à la philosophie proprement dite, dans le courant phénoménologique, même en Europe elle a fini par élargir la question de la corporéité à celle du monde. Marc Richir écrit par exemple : « Mon *Leib*, mon corps de chair [...] s'étend pour ainsi dire aussi loin que va le monde[2]. » Ces vues, toutefois, n'ont pas la concrétude de celles de Watsuji et de Dardel quant aux milieux humains.

Il n'est pas jusqu'à l'écologie qui n'ait entrevu ces projections de l'être. Dans un passage fameux de *A Sand County Almanac* (1949) – ouvrage qui est devenu depuis la bible des écologistes américains –, Aldo Leopold parle de « penser comme une montagne » *(thinking like a moun-*

---

1. Éric DARDEL, *L'Homme et la terre*, Paris, C.T.H.S. (Comité des travaux historiques et scientifiques), 1990 (première édition : 1952), p. 66.
2. Marc RICHIR, « Temps/Espace, proto-temps/proto-espace », dans *Le Temps et l'espace*, Bruxelles, Ousia, 1992, p. 151. On trouve déjà la même idée chez Bergson, qui écrivait dans *L'Énergie spirituelle* que notre moi déborde notre corps de toutes parts, dans un rayonnement qui nous fait aller jusqu'aux étoiles.

tain) [1]. Certes, c'est pour déplorer justement que, à la différence des montagnes, les hommes soient rarement capables de percevoir le sens de la nature (caché en l'occurrence dans le hurlement d'un loup). Néanmoins, c'est bien ce sens caché qu'à la suite de Leopold le courant de pensée de l'« écologie profonde » entend saisir, par les voies positives des sciences de la nature et par une identification métaphorique à la nature elle-même.

L'expression de la subjectité humaine

Faute de fondements ontologiques, les assimilations de ce genre versent souvent dans les pulsions régressives que nous avons examinées au chapitre II. Parler de « penser comme une montagne » sans avoir distingué le milieu de l'environnement, ni les trophismes de la médiance, c'est courir droit aux aberrations du holisme écologique (il ne s'agit pas ici de Leopold lui-même, qui sut garder la sobriété d'une concision poétique, mais de nombre de ceux qu'il a inspirés). Ce n'est qu'après avoir posé, dans sa subjectité, l'existence humaine comme condition des phénomènes de milieu, comme le fait exemplairement Watsuji, qu'il devient possible d'envisager sainement que l'être humain puisse penser comme une montagne ; car dans la dimension de la médiance, il est effectivement montagne, forêt ou vague. Nous en avons les preuves *anthropologiques* (mais pas biologiques).

Rappelons ici que la médiance n'est pas seulement une

---

1. Aldo LEOPOLD, *A Sand County Almanac*, Oxford, Oxford University Press, 1987 (première édition : 1949), p. 129.

subjectivation du monde. La trajectivité qui la fonde n'est pas la subjectivité. Dans la médiance, il y a autant une assimilation du sujet à l'environnement qu'une assimilation de l'environnement au sujet. Nous reviendrons sur cette question aux chapitres suivants ; mais, auparavant, il nous faut dégager les implications éthiques de cette inhérence du monde à notre être même.

Nous avons vu un peu plus haut, dans une première étape, que l'éthique prend source dans le lien écouménal parce que, dans les milieux humains, tout fait sens, et que, par conséquent, tout y engage virtuellement notre jugement éthique. Nous sommes en mesure à présent d'envisager les raisons premières de ce qu'on appelle (à tort) « éthique de l'environnement » : c'est que, dans les milieux humains, tout phénomène est une expression de la subjectité de l'être humain lui-même. Autrement dit, l'éthique est ontologiquement fondée à s'étendre aux êtres non humains qui nous entourent ; mais cela *en tant qu*'ils font partie de notre milieu, ou de l'écoumène en général, non point en eux-mêmes. Car en eux-mêmes, les êtres non humains ignorent l'éthique (ils n'ont que des comportements, qui font l'objet de la science éthologique mais non des interrogations de la morale).

Précisons ces implications. L'essentiel tient à ce que, par l'effet de la médiance, les êtres qui nous entourent incarnent nos propres motivations, nos intentions et jusqu'à notre volonté ; partant, ils concernent directement l'éthique, car c'est bien là – motivations, intentions et volonté – ce qui nous détermine à agir, en bien ou en mal.

Ce que la pierre demande

L'étude anthropologique des milieux humains fournit de multiples illustrations de ces processus. L'animisme, en premier lieu, attribue aux êtres non humains des facultés humaines et surhumaines, qui comprennent virtuellement toute la gamme de notre psychologie. Nous ne nous attarderons pas ici sur cet anthropomorphisme, qui est trop généralisé pour que la question d'une éthique envers les non-humains ait même un sens : en quelque sorte, l'éthique humaine vaut ici telle quelle pour la nature (c'est d'ailleurs la raison pour laquelle les cultures animistes attirent les fantasmes régressifs de l'écologie profonde, comme le miel attire l'ours). L'exemple ci-après vaut davantage de réflexion.

Dans la pensée chinoise, esthétique en particulier, la nature environnante est explicitement investie de *yi* ; ce que l'on peut traduire par intention, ou intentionnalité. Le peintre ou le poète doivent savoir interpréter cette intentionnalité ; la qualité de leur œuvre en dépend. Le peintre parlera même, plus précisément, de *hua yi*, littéralement l'« intention de peinture » qui existerait dans le paysage qui l'environne. Dans la même logique, le plus ancien écrit japonais sur l'art des jardins, le *Sakutei-ki*, parle dans un certain passage (dont l'interprétation est d'ailleurs controversée) de ce que « la pierre demande » *(ishi no kowan)*.

On trouve aussi en Occident, chez les poètes et les artistes, des expressions comparables. Jean Vérame, par exemple, lorsqu'il peint des rochers dans le désert, cherche toujours longuement avant de sentir ceux qui l'appellent à créer. En architecture, on connaît aussi le mot de Louis Kahn : *What does the building want to be ?*

Ce qui toutefois nous intéresse ici, ce n'est pas la dimension poétique ou esthétique dans laquelle l'être humain, de tout temps, a pu sentir dans les choses un appel à la création. C'est le fait proprement éthique que cette motivation s'exprime dans une volonté d'agir. L'on transposera en effet facilement cette volonté d'agir du domaine de l'art (la peinture, l'art des jardins, l'architecture, etc.) dans le domaine de la morale. Ce qui motive par exemple les opposants au massacre d'un paysage ou d'un écosystème par tel ou tel projet d'aménagement, c'est bien une identification par laquelle le milieu lui-même motive une volonté qui peut s'exprimer dans tous les domaines de la vie sociale, de l'écrit au combat armé.

De telles motivations s'expriment dans tous les milieux humains, mais par des voies propres à chaque culture. En Chine, par exemple, c'est dans le cadre du *fengshui* que l'on a pu voir des populations s'opposer à des aménagements qui auraient déréglé la circulation du *qi*. Mais si la vision du monde et le langage diffèrent, les motivations de la médiance valent pour tous les milieux.

De l'en-tant-que au il-faut-que

On trouve dans l'ouvrage fameux de Hans Jonas, *Das Prinzip Verantwortung* (*Le Principe responsabilité*, 1979 [1]), un passage où cette logique trajective de la motivation éthique transparaît clairement, quoique par un cheminement tout

---

1. Pour la traduction française : Paris, Éditions du Cerf, 1993.

différent de ceux que l'on vient d'évoquer. Sur les bases d'un raisonnement proprement éthique, Jonas en vient à parler aussi de ce que les choses « demandent », donc de notre devoir à leur égard. Son argument essentiel est que l'on ne peut fonder une éthique que sur un sentiment de valeur. Cet argument est très proche de ce que nous avons montré jusqu'ici. Dans l'écoumène, en effet, tout est chargé de sens, donc de valeur ; et cette valeur qu'ont les écosymboles concerne notre être. Elle nous questionne.

Dans une autre perspective encore, celle du lieu *(basho)* – dont nous parlerons plus longuement aux chapitres suivants –, Nishida Kitarô, quant à lui, parle plus explicitement encore d'une incarnation de la volonté dans les choses ; il écrit en effet : « la réalité intelligible possède en outre la volonté » *(eichiteki jitsuzai wa sarani ishi wo motsu)* [1]. Sans entrer encore dans le détail de la « logique du lieu » qui fonde cet investissement de la volonté dans les choses, disons ici simplement qu'il s'agit d'un phénomène de même ordre que ceux que j'interprète ici du point de vue de la médiance. La volonté de l'être humain n'est pas séparable du lieu de son être – le milieu, pour ce qui nous concerne ici.

Dans la médiance, en effet, l'*en-tant-que* écouménal se poursuit sans discontinuer dans un *il-faut-que*. Nous irons ici plus loin que Hans Jonas, pour lequel c'est en tant qu'êtres humains que nous devons nous soucier de la qualité de l'environnement des générations futures (en cela, il s'agit de passer de l'être propre – un individu – à l'être général – l'humanité passée, présente et future –, mais dans une perspective qui reste centrée sur l'humain comme tel).

---

1. Nishida Kitarô, *Basho*, dans *Nishida Kitarô zenshû*, vol. IV, Tôkyô, Iwanami, 1966, p. 251.

Le point de vue de la médiance, en l'affaire, se rapproche plutôt de celui de Bruno Latour, qui dans *La Clef de Berlin* (1992)[1] parle d'une « délégation de la moralité » aux choses. Pour Latour, par exemple, la ceinture de sécurité, dans les voitures actuelles, est investie de la moralité qui consiste à protéger des vies humaines. Il parle donc, à l'instar des astrophysiciens – qui recherchent la « masse manquante » de l'univers –, d'une « masse manquante » de la moralité et des valeurs. Celle-ci se trouve, selon Latour, dans les non-humains qui nous entourent. C'est effectivement de cela qu'il s'agit aussi du point de vue de la médiance.

Toutefois, je ne suivrai pas Latour lorsqu'il emploie des termes tels que « acteurs » ou « actifs » à propos des choses ; car à mon avis, c'est là retourner vers l'animisme. Le point de vue de la médiance, quant à lui, suppose toujours la subjectité humaine ; il n'envisage pas d'autres acteurs éthiques que l'être humain lui-même, à travers le milieu qui est le sien.

RESPONSABILITÉ

La motivation paysagère

C'est ainsi la projection des valeurs humaines sur l'environnement qui fait de celui-ci un milieu humain (ce que Watsuji appelle *fûdo*). Ladite projection repose sur des mécanismes d'échelles ontologiques différentes : les uns

---

1. Paris, La Découverte.

sont propres à l'espèce humaine, d'autres à telle ou telle culture, d'autres enfin à tel ou tel individu. Nous reviendrons longuement sur ces questions d'échelle au chapitre suivant. Au point actuel, notons simplement que les sciences cognitives, par les méthodes propres aux sciences expérimentales, ont apporté la preuve matérielle de la réalité de ces mécanismes : le monde extérieur n'est pas un simple donné que notre cerveau se contenterait d'enregistrer et de traduire, il est aussi construit par le cerveau lui-même, qui ne cesse de projeter sur lui des schèmes qui le sémantisent (c'est-à-dire qui le mettent en forme d'une manière qui fait sens pour nous). La réalité que nous percevons est le produit contingent de cette coadaptation entre les sensations venues de l'extérieur et les projections venues de l'intérieur de notre cerveau.

Autrement dit, comme nous l'avons déjà vu par d'autres approches, la réalité est trajective. Il est objectif (autant que les sciences expérimentales peuvent l'être) de reconnaître cette trajectivité.

Nos projections sur le monde environnant dépendent, entre autres facteurs, de notre culture. Dans l'effet de monde propre à la culture qui est aujourd'hui devenue prédominante, c'est en tant que paysage que l'environnement nous apparaît. J'appelle donc *motivation paysagère* les processus que nous avons vus plus haut. C'est cette motivation paysagère qui fournit le terreau dans lequel se développe la dimension éthique de notre rapport à l'environnement, aujourd'hui. Sans préjudice des cultures non paysagères, nous allons ici examiner les premières phases de ce développement de la dimension éthique, en restant à un niveau de généralité valable virtuellement pour toutes les cultures.

La mise en espace de l'histoire

Il nous faut ici revenir sur l'idée que le paysage est un effet de monde, impliquant une médiance et une époqualité particulières. Autrement dit, le paysage est un phénomène de mise en espace d'une histoire singulière. Dans cet espace, toutes les échelles du temps passé se manifestent spatialement au présent, du passé géologique le plus reculé (par exemple les roches précambriennes qui affleurent sur les rives de ce lac) aux événements les plus actuels (par exemple la pluie qui tombe en ce moment).

Cette spatio-temporalité du paysage est trajective. En elle se marient en effet l'histoire inscrite dans l'environnement, d'une part, et, d'autre part, la mémoire inscrite en nous-mêmes. La congruence contingente de ces deux temporalités, c'est l'époqualité du paysage.

Ainsi, les lieux où nous sommes, le paysage qui nous entoure sont du temps incarné en espace. Or, sauf dans les cas particuliers où nous recherchons en eux le passé – devant une tombe ou un monument par exemple –, nous n'avons pas conscience de cette temporalité. Ce que nous percevons, nous le percevons au présent. Cet oubli du temps est inhérent à notre existence, comme l'a montré Heidegger.

La contrepartie de cet oubli, qui en quelque sorte dissout le temps dans l'espace, c'est que l'espace lui-même est temporalisé. Dans l'écoumène, il n'y a pas d'espace en soi, mais toujours de l'espace *en tant qu*'il implique le temps qu'il nous faudrait pour accomplir quelque projet (par exemple pour marcher d'ici à là-bas), *en tant que* la mémoire le rattache à notre expérience, *en tant que* notre sensibilité lui donne une certaine valeur (la distance qui nous sépare d'une personne aimée, par exemple, n'a pas la même valeur que celle qui nous sépare d'une personne haïe, même si elle est métriquement identique), etc.

Le déloignement

Heidegger, dans *Être et Temps*, a minutieusement analysé ces rapports de l'espace au temps. Cela l'a mené à introduire, notamment, le concept de « déloignement » *(Entfernung)*, c'est-à-dire le phénomène par lequel notre relation au monde abolit l'espace objectivement mesurable. Si, par exemple, je considère la montagne qui est là-bas, mon être se projette là-bas dans une présence qui n'a rien à voir ni avec la distance qui m'en sépare objectivement ni avec le temps qu'il me faudrait réellement pour parcourir cette distance.

Ce phénomène a un rapport étroit avec la motivation paysagère. Le déloignement de cette montagne ou de cette pierre, ce n'est qu'un autre nom pour ce qu'un peintre chinois appellerait l'intention de la montagne, ou le *Sakutei-ki* la demande de la pierre. Ce n'est qu'un autre nom encore pour ce que les sciences cognitives appellent la congruence des projections du cerveau avec la forme objective de l'environnement. En effet, cette congruence s'établit dans un espace virtuel qui n'a rien à voir avec la distance physiquement mesurable. C'est *ici* que je perçois la montagne qui est *là-bas*, et réciproquement c'est *là-bas* que je suis dans ma perception de la montagne *ici*.

Or, comme deux choses différentes ne peuvent pas occuper en même temps un même lieu (du moins pour s'en tenir à l'espace absolu du paradigme moderne classique), cette annulation réciproque du *là-bas* et de l'*ici* – c'est-à-dire le phénomène « ek-sistentiel » d'*Ent-fernung* – implique que je suis la même chose que la montagne. C'est cela même, sans doute, que le bouddhisme appelle *tagasho*, le moi extérieur ; et c'est parce que la montagne est mon moi extérieur qu'elle peut être empreinte de volonté et me demander quelque chose. Telle est en effet la motivation paysagère de mon être.

Ce qu'il nous faut ici retenir de cette motivation, c'est la dimension temporelle que Heidegger a soulignée dans *Être et Temps* ; car elle a un rapport direct avec l'éthique. La motivation paysagère se traduit par ce que Heidegger appelle « être en avance sur soi » *(sich vorweg sein)*, autrement dit la projection de notre être, en avant de soi, sur le monde environnant. Ce phénomène est lié à la « préoccupation » *(Besorgen)* et au « souci » *(Sorge)* ; autrement dit le fait que notre relation projective au monde environnant nous appelle, en avant de nous-mêmes, à devoir être ce que nous ne sommes pas encore. Il y a ainsi une sorte d'obligation de notre être à être là où il se projette sur le monde ; ce que Heidegger résume en définissant le *Dasein* par la formule suivante : « il est de telle sorte qu'il a à être son là » *(es ist in der Weise, sein Da zu sein)* [1].

Or « avoir à être son là », pour l'être humain, ne peut pas ne pas être une obligation morale. C'est en effet la dimension du devoir *(Sollen)* qui se trouve ici amorcée du simple fait de notre existence.

---

1. P. 133 dans l'édition de 1993 de *Sein und Zeit*, Tübingen, Niemeyer.

L'éthique du fengshui

Ce que Heidegger exprime de manière très absconse, l'étude anthropologique concrète des divers milieux humains le confirme amplement. Le système du *fengshui* en Chine et dans les pays voisins, par exemple, fournit une excellente illustration de l'imprégnation du monde environnant par des valeurs éthiques et, corrélativement, de la co-implication du temps et de l'espace qui fonde la dimension éthique dans le lien écouménal.

En effet, la motivation première qui, dans l'éco-étho-système du *fengshui*, appelle à disposer les tombes, les maisons et les villes d'une certaine façon, c'est de bénéficier d'un écoulement favorable du souffle vital ou cosmique, le *qi*. Or cet écoulement ne concerne pas seulement le relief (c'est-à-dire l'espace), mais aussi les générations (c'est-à-dire le temps). Le *qi* s'amasse dans les tombes bien situées et, de là, à partir des ancêtres, va irriguer les générations ultérieures. C'est pourquoi la génération présente est tenue, tant vis-à-vis des ancêtres que des descendants, de rechercher la meilleure situation possible pour bâtir les tombes. Bien gérer l'écoulement du *qi* est un devoir.

C'est ainsi une obligation morale qui est inscrite dans le paysage du *fengshui*. Ici, la montagne ne va pas sans le culte des ancêtres, ni sans une éthique des comportements. À l'intérieur des maisons, par exemple, la disposition des membres de la famille autour de la table doit concilier l'écoulement du *qi* et la hiérarchie patriarcale : le maître en amont, et en aval ceux qui sont les derniers dans la hiérarchie.

Dans l'effet de monde du *fengshui*, chaque être est ainsi

impliqué moralement et physiquement dans le lien écouménal à toutes les échelles envisageables – de sa place à table jusqu'à la géographie de la Chine, et au-delà. On peut voir très concrètement dans cet exemple que chaque individu, tant dans sa chair que dans son milieu, est *tenu d'être* son être-là, qui l'intègre dans un système à la fois géographique et éthique – un géo-éthosystème.

Ordre et beauté de la demeure humaine

Remarquons en outre que, comme paysage, le géo-éthosystème du *fengshui* – dans maintes campagnes du Fujian par exemple – est remarquablement harmonieux et ordonné. Ce paysage fait sentir à quel point la *demeure humaine* (c'est le sens premier d'écoumène) appelle, de la part de chacun, le respect de l'ordre qu'elle implique. C'est l'ordre à la fois beau et bon (esthétique et éthique), qui est nécessaire à l'être humain de par son avoir-à-être, dans le milieu qui est le sien.

Voilà aussi ce qu'expriment, mais par d'autres voies, les langues grecque et latine. L'écoumène, la demeure humaine, *doit* être monde, et non pas le contraire (immonde). *Mundus*, cela veut dire en effet « monde » au sens ordinaire de ce terme aujourd'hui, mais cela veut dire en même temps « propre, bien arrangé ». La demeure humaine, en effet, à toutes les échelles, de la maison à la planète, doit être propre et bien arrangée. Pour être habitable humainement, elle ne doit pas être le contraire de monde, c'est-à-dire immonde : sale, polluée, immorale. L'obligation éthique est ici inséparable de la nécessité ontologique et cosmique. De même si *kosmos*, en grec, signifie

« ordre », mais aussi « cosmos » au sens actuel de ce terme, ordre et beauté y sont intimement associés (« cosmétique » vient aussi de *kosmos*).

Inutile de souligner les implications écologiques, pour nous aujourd'hui, de ces archaïques associations d'idées entre l'ordre, l'habiter et le monde. Mais ce n'est pas seulement l'étymologie, le *fengshui* et la phénoménologie herméneutique de Heidegger qui témoignent que le lien écouménal est intrinsèquement de nature éthique et esthétique. En vérité, toutes les civilisations – par leurs architectures, leurs lois, leurs rites... – ont cherché à exprimer dans leur milieu, par nécessité existentielle, la demeure humaine dont rêve Baudelaire dans *L'Invitation au voyage* :

> *Mon enfant, ma sœur,*
> *Songe à la douceur*
> *D'aller là-bas vivre ensemble...*
> *Là tout n'est qu'ordre et beauté*
> *Luxe, calme et volupté.*

car cette demeure qui nous appelle, c'est bien le lieu de notre être.

Tel est le fondement ontologique, cosmologique et éthique de toute politique de l'environnement : pour que l'être humain soit humain *il faut* que la Terre – notre planète, nos paysages, nos maisons – soit à la fois belle et bonne à vivre. C'est une nécessité écouménale.

Le devoir de respect envers l'écoumène

Cette obligation inhérente à notre être, chaque écologiste aujourd'hui l'exprime à sa façon pour dire plus ou moins métaphoriquement la même chose ; à savoir que nous devons respecter la demeure humaine qu'est notre Terre. Comme nous l'avons vu, dans certains cas, cette métaphore peut aller jusqu'à condamner l'humanité, dans un retournement absurde de la motivation paysagère contre son propre foyer, la subjectité humaine (soyons sûrs, à tout le moins, que les écologistes les plus profonds ne songent pas à se supprimer d'abord eux-mêmes). Dans d'autres cas, sans remonter toutefois jusqu'à la source ontologique du lien écouménal, la même motivation emprunte la voix de la raison et de l'humanisme pour montrer qu'il est du devoir de l'humanité elle-même, en tant qu'humanité, de respecter la Terre.

Cette position est, par excellence, celle de Hans Jonas, qui a popularisé le thème de la responsabilité envers les générations futures. Son idée la plus forte est en effet que nous *devons* à nos descendants de leur léguer une Terre habitable humainement – c'est-à-dire belle et bonne à vivre –, et non pas quelque chose où ils auraient à survivre dans une condition indigne de l'être humain, à savoir une Terre où, la simple survie biologique étant devenue la règle absolue, l'être humain n'aurait plus la possibilité de choisir, qui est à la fois la condition de l'humain et la condition de l'éthique. Jonas opère donc une distinction essentielle entre la dimension proprement éthique de ce devoir de « laisser-être-humains » nos descendants, d'une part, et, d'autre part, la dimension seulement écologique d'un simple « laisser-vivre ».

Notre responsabilité essentielle, c'est donc d'assurer que la Terre soit toujours écoumène : une demeure qui nous motive à la trouver, toujours, belle et bonne à vivre. Cela veut dire de beaux paysages, des rivières propres, une bio-diversité généreuse, etc. : toutes ces valeurs *humaines* que l'écologisme veut y préserver, avec raison sinon en bonne connaissance de ses motivations profondes.

Négation des lieux et mutilation de l'être

Remarquons, pour terminer ce chapitre, que Hans Jonas distingue soigneusement de l'utopie notre responsabilité envers les générations futures. Il ne s'agit en effet nullement de sacrifier les générations d'aujourd'hui pour assurer des lendemains qui chantent à nos descendants. La justification qu'en donne Jonas est d'ordre éthique : nous devons autant aux générations présentes qu'à celles de demain. Il ne faut pas, écrit-il, « violer le présent au bénéfice de l'avenir » (p. 307).

Je reprendrai volontiers cette vue en la développant dans le sens du mot « utopie » que nous avons vu au premier chapitre, celui d'une négation des lieux. En ce sens-là, la modernité dans son ensemble aura été une immense utopie. Certes immensément libératrice pour l'être humain sur de nombreux plans, mais asservissante également sur d'autres plans. Nous reviendrons au dernier chapitre sur ce pro-blème. Ici, je voudrais souligner que cette utopie, en neu-tralisant la singularité des lieux, a tendu à démotiver le lien écouménal. Celui-ci, en effet, suppose des lieux qui en appellent à notre être ; des lieux qui nous appellent à être. Un lieu neutre démotive l'être. En cela, la modernité a porté atteinte à notre humanité même. Notre devoir envers nous-mêmes, aujourd'hui, est de recréer des lieux qui vaillent d'y vivre humainement.

Le point de vue de la médiance est fondamentalement anti-utopique. Il cherche à partir toujours du sens de chaque lieu dans sa localité. Cela implique une obligation éthique ; car partir du sens d'un lieu, c'est nécessairement prendre en compte le sens que lui accordent, d'abord, ceux qui habitent ce lieu. Le respect de la demeure humaine, cela commence par le respect de la personne humaine, celle d'aujourd'hui ; c'est dans ce sens-là aussi du mot utopie que le point de vue de la médiance est anti-utopique : il ne s'agit pas de passer par-dessus la tête des habitants d'aujourd'hui pour assurer de beaux lendemains à la Planète. Par exemple, il ne s'agit pas de chasser les Brésiliens pour laisser pousser à leur place une forêt amazonienne qui réponde aux rêves de l'écologie profonde. Cela ne veut pas dire ne rien faire, mais faire avec les Brésiliens eux-mêmes. Voilà une saine et nécessaire utopie, s'il en est !

S'il faut se méfier des utopies, au fond, c'est parce que l'utopie n'est autre qu'un arrachement arbitraire de l'être à l'écoumène, qui le projette vers un non-lieu (un lieu qui n'existe pas). Certes, cet arrachement est constitutif de notre humanité même ; et sans lui, l'hominisation (l'émergence de l'humain à partir de l'animal) n'aurait jamais eu lieu. Sous le nom d'espérance, notamment, il est nécessaire à notre existence. Cependant, au cours de l'histoire, au XXe siècle en particulier, l'utopie a souvent été imposée par la force. En pareil cas, c'est une mutilation de l'être, qui le dichotomise entre les existants de l'écoumène réelle et l'abstraction du non-lieu qu'elle vise. Il ne faut donc pas s'étonner que les utopies aient parfois fait beaucoup de mal à la Terre et à ses habitants, toutes espèces confondues.

Notre devoir écouménal, c'est dans le respect de l'ici et du maintenant qu'il faut l'accomplir. Mais ici et maintenant, existentiellement (ek-sistentiellement), cela peut aller très loin.

IV

D'ici à l'univers :
les lieux de l'éthique

L'ÉCHELLE DES DROITS
ET DES DEVOIRS

Antigone et Créon

Dans une scène fameuse d'*Antigone*, tragédie de Sophocle (495-406 av. J.-C.), Antigone, la fille d'Œdipe et de Jocaste, est confrontée à Créon, le roi de Thèbes. Antigone a enfreint les ordres du roi en rendant les honneurs funéraires à son frère Polynice, tué devant les portes de la ville alors qu'il l'attaquait. C'est en toute conscience qu'elle s'est rendue coupable d'avoir « passé outre aux lois » (*hyperbainein nomous*, v. 449) : elle connaissait l'interdiction, et elle ne nie pas le fait. Mais si elle l'a commis, c'est au nom d'autres lois : les « lois non écrites » (*agrapta nomima*, v. 454-455), inébranlables et éternelles des dieux, qui exigent que les devoirs soient rendus aux morts. Antigone revendique donc une justice d'un ordre supérieur à celle de la cité. Au nom de cette justice, elle met en doute les raisons qui fondent la seconde, incarnées par le roi qui l'accuse :

« le fou pourrait bien être celui même qui me traite de folle »
(v. 470).

L'on tend aujourd'hui – dans une anachronique rétro-
projection de nos propres catégories de pensée – à reconnaître dans cette pièce, qui fut écrite vers 442 av. J.-C.,
« l'une des expressions les plus hautes de la conscience individuelle en révolte contre les lois humaines [1] ». Lorsque la
loi est inique, la conscience se donne en effet le droit de la
révoquer en doute, et de l'enfreindre le cas échéant.

C'est d'un autre point de vue que nous allons ici examiner la confrontation d'Antigone à Créon. La tragédie de
Sophocle pose, archétypalement, la question du rapport
éthique entre l'être humain et la communauté auquel il
appartient. Le point de vue de Créon, c'est celui du droit
qu'a la communauté d'imposer un devoir à l'individu. Le
point de vue d'Antigone, c'est celui du droit qu'a l'individu
d'invoquer un devoir d'une autre échelle : un devoir universel, opposable au devoir de niveau inférieur qu'exige la
communauté.

Les référents du droit et du devoir

Ainsi, selon l'échelle et le point de vue, il peut y avoir
permutation du droit et du devoir. Par exemple, d'un point
de vue universaliste, devoir envers l'humanité (échelle I)
signifie droit vis-à-vis de la communauté (échelle II) ; mais
ce point de vue n'est nullement évident : au cours de l'his-

---

1. *Le Petit Robert 2*, 1993, p. 78. La notion de « conscience individuelle » n'existait pas chez les Grecs. Ce n'est qu'en tant qu'image pour l'éthique d'aujourd'hui
que je fais ici appel à Antigone, non du point de vue de l'historien des idées.

toire, c'est au contraire bien souvent, en particulier dans la guerre, devoir envers la nation qui a signifié droit vis-à-vis de l'humanité. La guerre, en effet, n'est autre que le droit de tuer d'autres êtres humains par devoir envers la communauté à laquelle on appartient.

Il est inutile de souligner l'immense portée politique et morale de cette distinction d'échelle et de point de vue. Nous y reviendrons au chapitre suivant. La question à laquelle nous allons nous attacher au préalable, c'est celle de l'échelle des référents qui, en la matière, entrent en jeu par rapport à la subjectité humaine.

Dans le cas d'*Antigone*, cette structure scalaire est relativement simple. Antigone opère un choix éthique entre deux référents : les lois établies qui la réfèrent à la cité, et les lois non écrites qui la réfèrent aux dieux. Elle choisit le second référent, qu'elle place au-dessus du premier. Sa sœur Ismène, elle, a fait le choix inverse : obéir à Créon.

Le problème que nous nous poserons ici est de savoir ce qui rend possible le choix d'Antigone. En effet, comment peut-elle connaître des lois *non écrites* ? Autrement dit, comment fonctionne l'échelle qui la réfère aux dieux ?

Cette question n'est autre que le problème de fond de l'éthique écouménale. Transposons en effet la structure d'*Antigone*. À la place du référent « les dieux », mettons « la nature » ; et à la place du référent « Créon », mettons « les pratiques humaines ». En effet, comment fonctionne l'échelle qui, nous référant à la nature, nous pousse aujourd'hui à envisager une réforme des pratiques humaines ?

Qui va parler pour la nature ?

Cette question, nous devons nous la poser, et essayer d'y répondre clairement ; car elle concerne cela même qui peut fonder une éthique envers la nature. C'est justement ce que ne font pas ceux qui aujourd'hui parlent des « droits de la nature ». En effet, comme nous l'avons vu au chapitre II, ils laissent sans réponse une série de questions pourtant indispensables à l'établissement d'une législation environnementale cohérente ; en particulier celle-ci : qui va parler au nom de la nature ? Autrement dit, qui va être l'Antigone des lois non encore écrites qu'il s'agit d'écrire aujourd'hui ?

Certains écologistes, spécialement les partisans du holisme écologique, se sont, il est vrai, donné eux-mêmes cette vocation ; mais nous avons vu sur quelles confusions et quelles incohérences repose le discours de l'écologie profonde. Il n'est pas étonnant que ces Antigones-là invoquent souvent l'animisme, en divinisant par exemple la Terre sous le nom de Gaïa (ce que, précisons-le, ne fait pas l'inventeur du terme et de la théorie écologique *Gaïa*, James Lovelock) ; en effet, ce n'est que par des voies mystiques que l'on peut se passer des cheminements logiques et connaître directement la volonté des dieux.

Une autre réponse apparemment évidente à la question, c'est de dire que nous pouvons connaître la nature par les voies objectives de la science ; donc qu'il faut et qu'il suffit de fonder des lois et des pratiques nouvelles sur les connaissances qu'elle nous apporte. Nous avons vu cependant au premier chapitre que de telles vues sont périmées ; non que l'on puisse se passer des connaissances qu'apporte la science, mais parce que la science en tant que telle ne peut pas fonder l'éthique.

Il y a donc bien, entre la nature (les dieux) et la subjectité humaine (Antigone), un hiatus qu'il faut essayer de combler. De combler *rationnellement* et non point mystiquement ; car l'éthique, à la différence des religions, ne peut se passer de fondements intelligibles. La nature que l'éthique doit prendre en compte aujourd'hui, ce ne peut pas être les dieux d'autrefois.

Devoir envers la nature ou envers l'humanité ?

Autrement dit, il s'agit de montrer clairement :

– soit que nous avons envers la nature des devoirs d'un ordre supérieur à ceux que nous avons envers l'humanité (c'est la position du holisme écologique, laquelle implique logiquement le droit de réduire la liberté humaine, voire la population humaine) ;

– soit que nos devoirs envers la nature et nos devoirs envers l'humanité sont du même ordre.

La seconde option est évidemment la plus séduisante pour nous, êtres humains. C'est du reste celle que font inconsciemment ceux qui parlent, par exemple, de développement durable ou viable *(sustainable development)*. Cette expression, cependant, ne fait qu'ajouter un adjectif (« durable » ou « viable ») à une notion qui en elle-même n'a rien à voir avec la nature ; elle se réfère exclusivement à l'humanité. Ce n'est pas la nature qui veut être développée, c'est l'humanité qui veut améliorer ses propres conditions d'existence. Aussi bien la notion de développement durable est-elle rejetée, en elle-même, par de nombreux écologistes.

Quoi qu'il en soit des controverses pour ou contre le développement, il nous faut reconnaître que la notion de développement durable laisse entier le problème de l'option éthique entre nos devoirs envers la nature et nos devoirs envers l'humanité. Nous devons donc creuser plus profond, et nous poser directement cette question : est-il concevable de placer sur le même plan devoir envers la nature et devoir envers l'humanité ?

Ne nous arrêtons pas ici aux positions que nous avons déjà présentées au chapitre II. La plupart du temps, les tenants de ce genre de positions ne se posent même pas la question, ou s'ils la posent ils en viennent à des thèses insoutenables éthiquement.

Les penseurs qui, en revanche, se sont posé sérieusement ladite question (même si c'est dans des termes plus ou moins différents) aboutissent généralement à reconnaître une priorité à l'humanité. C'est le cas de Hans Jonas et de J. Baird Callicott. Jonas, on l'a vu, considère explicitement la question de l'environnement comme une question de responsabilité envers l'*humanité* future. Callicott, lui, n'est pas si direct. Son point de départ est en effet celui du holisme écologique : c'est à partir des grands équilibres de la biosphère qu'il cherche à fonder une éthique de l'environnement. Pourtant, sa position est finalement un compromis entre l'écologie et l'humanisme ; il aboutit en effet à la notion d'« anthropocentrisme faible » *(weak anthropocentrism)*, c'est-à-dire une attitude consistant à accorder à l'humanité une priorité relative et conditionnelle, compatible avec l'équilibre général de la biosphère.

Le problème de l'interprétation

Du point de vue de la médiance, de telles positions, bien que satisfaisantes à la fois pour la raison et pour la morale, ne comblent pas vraiment le hiatus que nous évoquions plus haut. Elles laissent dans l'ombre le problème de l'*interprétation* qui intervient forcément entre la nature et le sujet humain ; d'autant plus que, dans le cas de Callicott, la nature en question n'est autre que celle que nous pouvons connaître par les voies objectives de la science. Or, comment peut-on *à bon droit* prétendre parler au nom d'une nature-objet ? Il y a là une impossibilité radicale. Callicott ne la surmonte qu'en abandonnant de fait la démarche positive, lorsqu'il invoque le précédent fameux de Leopold : « penser comme une montagne ». Cela, c'est de l'intuition poétique, non de la science ni de la logique ; et cela repose sur une métaphore : penser *comme* une montagne, ce n'est pas la même chose qu'être montagne et « penser » (?) *en tant que* montagne.

Nous avons esquissé au chapitre précédent, du point de vue de la médiance, les mécanismes ontologiques qui sont à l'œuvre dans la motivation paysagère et, plus généralement, dans le lien écouménal. C'est cette piste que j'entends développer ici. Elle est susceptible en effet de réduire rationnellement le hiatus entre nature et subjectité humaine et, partant, de donner des bases plus fermes à la question des droits et des devoirs envers la nature.

Le lieu de la subjectité humaine

On remarquera d'emblée qu'il s'agit bien des droits et des devoirs de l'humanité *envers* la nature, et non pas de ceux *de* la nature envers l'humanité. Le point de vue de la médiance, comme le posait déjà Watsuji, reste fondé sur le postulat de la subjectité humaine. La question ici, c'est de savoir ce que c'est que cette subjectité : *quelle* est sa structure, *comment* elle fonctionne et *où* elle est. Il s'agit plus particulièrement de répondre au troisième terme de la question, à savoir *quel est le lieu* de la subjectité humaine. C'est en effet directement sur cette question du lieu que débouchent les vues esquissées au chapitre précédent.

L'être humain, nous l'avons vu, n'a pas seulement pour lieu l'emplacement physique de son corps : il est toujours aussi, existentiellement, là-bas dans le monde environnant. Mais *dans quelle mesure* est-il ce monde environnant ? Et *jusqu'où* va cette extension de son être ?

Les deux notions bouddhiques « moi intérieur » et « moi extérieur » établissent à cet égard une double distinction. D'abord, entre intérieur et extérieur, il ne s'agit apparemment pas du même moi. Ensuite et surtout, dans la formulation japonaise de ces notions, *jigasho* et *tagasho*, intervient l'élément *sho*, qu'on peut traduire par « lieu ». Littéralement, donc, il faudrait rendre ces notions par « lieu du moi propre » et « lieu du moi autre ». Cela implique que les lieux en question *ne sont pas* le moi. Effectivement, cela cadre avec l'idée forte du bouddhisme, selon laquelle il n'existe pas quelque chose de tel qu'un moi substantiel et stable. *Jigasho* et *tagasho*, ce sont seulement des lieux où *il y a* de l'être (c'est-à-dire le moi), mais pas des êtres en soi. Le moi en question n'a rien à voir avec celui, substantiel et stable, du sujet cartésien. Une vision heideggérienne y décèlerait sans doute à bon droit le là *(Da)* de l'être *(Sein)*, à condition toutefois de surmonter la distinction entre le propre *(ji)* et l'autre *(ta)* dans la localité en question.

L'y et la chôra

Supposons plutôt pour notre part, de manière plus floue, que ces « lieux » *(sho)* sont seulement quelque chose comme le *y* du *il y a* en français, à savoir quelque chose qui, selon le cas, pourrait évoquer une substance (comme dans « il y a une fleur dans le vase ») ou seulement une relation (comme dans « il y a une heure qu'elle est partie »). Autrement dit, quelque chose d'intermédiaire entre un site réel et le fait d'être situé.

L'on pourrait appeler cela « situalité » ; mais on pourrait aussi emprunter au *Timée* de Platon la notion de *chôra*, qui est ambiguë à souhait. *Chôra*, en grec, c'est un lieu où il y a quelque chose, à diverses échelles : endroit, place, sol, champ, campagne, pays... Mais Platon compare aussi la *chôra* à un tamis. Le tamis a un fond, sans en avoir vraiment un : quelque chose y reste, mais quelque chose passe à travers. La *chôra*, ce n'est pas un lieu substantiel qui serait l'*y* définissable de l'être, un fond définitif où l'être s'accumulerait ; car il y a aussi de l'être qui passe à travers et se situe donc dans une *chôra* plus profonde.

Jacques Derrida, qui a consacré un livre à cette question, *Khôra*[1], en dit les choses suivantes : « Il s'agirait bien d'une

1. Paris, Galilée, 1993.

structure et non de quelque essence de la *khôra*, la notion d'essence n'ayant plus de sens à son sujet » (p. 25), elle « n'est pas quelque chose et [...] elle n'est *comme* rien » (p. 26), elle « n'est pas un sujet. Ce n'est pas le sujet ». Derrida, préférant en fin de compte ne pas traduire le terme ni lui accoler d'article, ce qui le définirait, juge que l'on ne peut dire plus que « Il y a *khôra* [...] mais ce qu'il y a là n'est pas » (p. 30), « *Khôra* reçoit, pour leur donner lieu, toutes les déterminations, mais elle n'en possède aucune en propre » (p. 37). Dans une structure en abîme, *Khôra*, c'est peut-être quelque chose comme une « situation du site » (p. 49).

Nous ne nous interrogerons pas plus avant sur cette notion de *chôra* elle-même. Ce qui nous intéresse ici est plutôt la structure emboîtée par laquelle le monde environnant peut être le lieu (la *chôra*) de la subjectité humaine. Implique-t-elle une hiérarchie de l'être entre le lieu intérieur et le lieu extérieur de cette subjectité ? Y a-t-il un centre et une périphérie dans cette structure, impliquant une décroissance du degré d'être vers la périphérie ? Ou bien, à l'inverse, comporte-t-elle une valorisation croissante de l'être à mesure qu'il s'agit des enveloppes plus extérieures, donc plus englobantes ?

Ces questions sont cruciales du point de vue éthique. L'on n'aura en effet pas de peine à y reconnaître des thèmes tels que l'anthropocentrisme, le personnalisme ou le holisme ; autrement dit, le problème de l'appartenance et de la liberté. Nous consacrerons tout le chapitre v à cette question. Auparavant, il nous faut encore préciser la structure en question.

SEUILS DE L'ÊTRE,
SEUILS DE L'ÉTHIQUE

Individualisme et responsabilité

Imamichi Tomonobu, dans son *Ecoethica*, remarque que la notion de responsabilité n'est apparue dans le champ éthique qu'au XVIIIe siècle. Il fallait au moins que la notion existât pour qu'elle cristallise des valeurs ; et réciproquement : que des valeurs fussent ressenties pour qu'un mot les exprime. Or le mot *responsabilité* est remarquablement récent. Il n'apparaît en français qu'en 1783, donc à l'extrême fin de l'Ancien Régime. On ne peut pas ne pas lier ce phénomène à l'émergence de l'individualisme, qui est en Europe également datée du XVIIIe siècle.

Dans les sociétés dites féodales pour simplifier, en effet, la responsabilité à proprement parler n'existe pas ; elle est diffuse dans le corps social. C'est la raison pour laquelle on trouve dans ces sociétés ce que nous appelons aujourd'hui « responsabilité collective », et qui nous paraît contraire à l'éthique. Dans la société d'Ancien Régime française et dans beaucoup d'autres, par exemple, la communauté villageoise, ou un groupe local, était tenue pour collectivement responsable de la perception de l'impôt, ce qui serait aujourd'hui inacceptable. De même, l'une des pires barbaries à nos yeux est d'exercer des représailles sur une collectivité, parce que certains de ses membres ont commis un acte interdit. Cette barbarie s'exerce souvent dans les guerres ; par exemple, au cours de la dernière guerre mondiale, à Oradour-sur-Glane ou à Nankin. Cette même logique de diffusion de la responsabilité fonctionne d'ailleurs aussi dans l'autre sens, c'est-à-dire dans le sens de ceux qui commettent lesdits actes de barbarie. De manière analogue aux phénomènes de foule, on (l'individu n'y est alors qu'un « on ») ne s'y sent pas responsable de ses actes, parce que « les autres aussi », « tout le monde » les commet. Une version atténuée de cette logique de déresponsabilisation est celle du citoyen (?) parisien qui ne se gêne pas pour laisser son chien encrotter la rue, sous prétexte que « tout le monde fait pareil », et que d'autres (ou la nature) sont là pour nettoyer.

L'échelle de la responsabilité

Certes, les sociétés où la notion de responsabilité n'existe qu'à l'état diffus ont d'autres valeurs qui peuvent, le cas échéant, lui être fonctionnellement assez voisines ; tel était, par exemple, l'honneur dans la société d'Ancien Régime. D'autre part, ces sociétés, de manière institutionnelle ou spontanée, peuvent à l'occasion focaliser ce que nous appellerions responsabilité sur une personne ou sur un groupe, par exemple dans les phénomènes de bouc émissaire ou de lynchage.

Ces pratiques étrangères ou contraires à l'éthique moderne ne nous intéressent pas ici. Notre problème tient au fait que joue manifestement un rapport d'échelle entre la responsabilité et l'irresponsabilité, ou la non-responsabilité. L'éthique moderne associe le degré maximal de la responsabilité à la conscience individuelle ; tandis que lorsque joue l'inconscient collectif (par exemple dans les phénomènes de foule et de panique), la responsabilité (sinon le mal) apparaît diminuée. C'est la raison pour laquelle la justice, dans les cas de barbarie collective, cherche à individualiser les coupables. On ne tient pas tout le peuple allemand pour responsable de la barbarie nazie, ni tous les nazis pour responsables de la barbarie d'Eichmann[1].

Cette structure d'échelle a un rapport direct avec la question du lieu de la subjectité. Quand ce lieu est d'échelle minimale, celle de l'être individuel, la responsabilité est maximale. Quand ce lieu est un être collectif (un groupe, une société), la responsabilité diminue. Cette diminution est proportionnelle à l'accroissement d'échelle du lieu de la subjectité. Quand celui-ci atteint à l'échelle de l'humanité, la responsabilité nous paraît très réduite, voire nulle ; c'est ce que nous appelons la « nature humaine » (mais que le holisme écologique, qui raisonne à l'échelle du vivant et non à celle de l'humanité, appelle « spécisme »). Par exemple, comme il est dans la nature humaine d'être omnivore, la plupart des sociétés modernes admettent qu'on tue des animaux pour en manger la chair, quand pourtant la mort, également la plupart du temps, n'est pas considérée comme un bien. Enfin, à l'échelle de la nature tout court, on ne parle plus du tout de responsabilité. Par exemple, dans l'éthique moderne, on ne tient pas la nature pour « responsable » des séismes ou des typhons, ni même de la malaria ou du choléra.

---

1. On pourrait certes invoquer comme contre-exemple le sentiment de la culpabilité collective (« nous sommes tous coupables de ce qui est arrivé là-bas ») ; mais cette notion est bien trop floue et ambiguë pour invalider la logique d'échelle que je cherche à définir.

L'échelle des lieux de l'être

Ceux qui parlent de « droits de la nature » (l'expression est devenue courante, et c'est par exemple le titre d'un ouvrage de Roderick Nash) ou, comme Michel Serres, de « contrat naturel » commettent en toute irresponsabilité intellectuelle une fondamentale confusion d'échelle. À l'échelle de la nature, il n'existe rien – ni responsabilité, ni droit, ni vertu, etc. – que l'on puisse concevoir dans les termes éthiques valables à l'échelle de la personne humaine ; mais cela non point parce qu'il existerait, entre l'homme et la nature, une discontinuité radicale ; parce que, bien au contraire, il existe un rapport d'échelle entre le sujet humain et la nature. La subjectité individuelle est en continuité avec la subjectité sociale (ce que l'on appelle l'inconscient collectif ou la subjectivité collective), mais elle n'est pas ontologiquement identique parce que son lieu n'est pas de la même échelle. La subjectité sociale est en continuité avec la nature humaine, mais elle n'est pas ontologiquement identique parce que son lieu n'est pas de la même échelle. Enfin, la nature humaine est en continuité avec la nature tout court (la vie, la matière, l'univers), mais elle n'est pas ontologiquement identique parce que son lieu n'est pas de la même échelle.

Chacun à son échelle, ces divers lieux de l'être – l'individu, la société, l'humanité, la biosphère, la planète, le système solaire, la galaxie, l'univers – sont empreints de subjectité. Celle-ci est évidente à l'échelle du lieu individuel de l'être, celui de la conscience du « je pense » ; elle l'est de moins en moins (car de moins en moins accessible à la conscience du sujet individuel) à mesure que l'échelle de ce lieu croît, mais elle ne s'en manifeste pas moins, quoique dans des termes irréductibles à ceux de l'échelle d'être de la conscience. Ce que Bergson appelait, par exemple, « élan vital », à l'échelle d'être de la vie, ou Lévi-Strauss « vouloir obscur », à l'échelle d'être de la matière, ce n'est pas la même chose que la volonté du sujet conscient. La tendance à l'ordre (ou à l'auto-organisation) qui se manifeste dans l'univers, ce n'est pas à la même échelle que la tendance humaine à rechercher l'ordre et la beauté dans l'écoumène. Cependant, à moins d'une option théologique, la tendance à l'ordre de l'univers ne peut être considérée que comme une manifestation de la subjectité de l'univers. De même, à une échelle moindre, la vie d'un organisme tel que le corps humain est une manifestation de la subjectité de cet organisme ; manifestation qui s'accompagne par exemple de phénomènes tels que la défense de cet organisme par les lymphocytes contre les agressions des organismes étrangers.

Échelles d'être et éthique

Il est essentiel, du point de vue éthique, de prendre en considération cette structure d'échelle des lieux de la subjectité. En effet, confondre les échelles, en la matière, conduit immanquablement à l'irresponsabilité morale et à des actes contraires à l'éthique. C'est, par exemple, en invoquant mythiquement la race, c'est-à-dire en confondant quelque chose qui équivaudrait à l'échelle d'être de l'espèce humaine avec des choses qui sont de l'échelle d'être de la société (une nation et des groupes sociaux à l'intérieur de cette nation), que les nazis ont conçu et justifié le génocide des Juifs ou des Tziganes.

C'est pour les mêmes raisons d'échelle que le holisme écologique est, comme on l'a vu au chapitre II, ou bien incohérent ou bien immoral. En effet, logiquement, parler de droits de la nature ou de contrat naturel, en considérant donc à la même échelle le lieu de la nature et celui de l'humanité, c'est virtuellement justifier une régulation (une décimation) écologique de l'humanité. C'est (virtuellement toujours) forcer la conscience morale, dont le lieu éthique est d'une autre échelle que celle des écosystèmes, à « retourner à la niche » (écologique) de la bestialité.

Pour se borner à ce qui est proprement humain (de l'individu conscient à l'humanité), il n'est pas moins indispensable de distinguer les échelles de la subjectité ; en particulier de distinguer entre le personnel et le collectif. Que cela soit essentiel du point de vue éthique, il est inutile d'y insister. La prévarication, par exemple (c'est-à-dire le manquement qui consiste à tirer un profit personnel d'une fonction publique), relève de la même confusion des échelles ; et comme on vient de le voir, les actes de barbarie résultent souvent d'une démission de la conscience individuelle devant une pulsion collective.

La négation de l'autre

Cependant, confondre les échelles de la subjectité n'entraîne pas seulement le mal (réel ou virtuel) par un effet de déresponsabilisation. En effet, lorsque le moi, ou le nous, s'étend subjectivement au monde, il nie virtuellement l'être

des autres sujets humains dans leur subjectité propre, autrement dit dans leur souveraineté de sujets. C'est ce que nous
allons voir concrètement par deux exemples, à deux échelles
différentes.

L'erreur de Watsuji

Comme on l'a vu, dans *Fûdo*, Watsuji a repris et modifié
la perspective de Heidegger. Il a toutefois gardé la perspective générale de la phénoménologie herméneutique, à savoir
interpréter le monde à partir de la manière dont les phénomènes de la réalité se manifestent pour la subjectivité
humaine. Cette perspective est établie dans le premier chapitre de *Fûdo*. Elle est en principe (et Watsuji l'affirme explicitement dès les premières phrases de l'introduction)
complètement étrangère au déterminisme environnemental.

Or, dans les chapitres suivants, l'on constate que Watsuji
tombe dans une perspective déterministe, avec les erreurs
qui s'ensuivent immanquablement (nous en avons vu un
exemple dans la manière dont il interprète l'origine de
l'esprit scientifique en Europe). Comment une telle incohérence est-elle possible chez un si grand esprit ?

La cause en est dans le contresens que Watsuji a commis
quant à la perspective herméneutique elle-même. Au lieu
d'un effort pour comprendre de l'intérieur la subjectivité
des autres sujets (par exemple en étudiant la manière dont
le sentiment de la nature s'exprime dans la tradition litté-
raire d'un peuple étranger), il confond celle-ci tout simplement avec sa propre subjectivité (la manière dont lui-même,
en voyage, a perçu la nature en question). Il y a là une

véritable inversion de la perspective herméneutique : au lieu d'une compréhension respectueuse de l'altérité d'autrui, c'est un écrasement de cette altérité ; et le moteur de cet écrasement n'est autre qu'une double erreur de référent et d'échelle (le moi individuel de Watsuji se substituant au moi collectif des peuples étrangers).

L'erreur de Watsuji se borne ici au domaine de la connaissance, encore qu'elle ne soit nullement étrangère à ses prises de position nationalistes. Nous reviendrons sur ces questions au chapitre suivant.

La projection du moi collectif

À une autre échelle – celle de la subjectivité collective –, ce sont des mécanismes homologues qui ont joué dans la manière qu'ont eue les nationalistes japonais à la même époque, dans les années trente et quarante, de projeter le moi collectif nippon sur les autres nations de la « sphère de co-prospérité » d'Asie orientale. C'est en effet au mépris de la souveraineté de ces nations (par une négation de leur altérité) que le Japon, à l'époque, a prétendu incarner leur propre destin. Cette projection subjective est allée par exemple jusqu'à imposer des noms japonais aux Coréens ; autrement dit, à inclure les Coréens dans la japonité comme lieu du sujet de l'Histoire, c'est-à-dire le Japon, en supprimant le lieu de la subjectité des Coréens eux-mêmes.

C'est par la même aberration que, durant la guerre d'Algérie, la droite française prétendit (bien tard, il est vrai) inclure les Algériens dans une francité étendue « de Dunkerque à Tamanrasset ».

Considérant ce genre d'aberrations (l'on en trouve des exemples dans l'histoire de tous les pays), il est, du point de vue éthique, de la plus haute importance que nous saisissions plus précisément cette question de l'échelle des lieux de la subjectité.

Le lieu n'est ni l'être ni l'étant

Tout d'abord, les lieux de la subjectité, de la personne à l'univers, ne doivent pas être confondus avec ce que les philosophes appellent des étants, c'est-à-dire avec les manifestations singulières de l'être (par exemple une personne concrète, une forêt concrète, une planète concrète, etc.).

L'être de l'humain, notamment, ne se borne pas au corps physique de telle ou telle personne, comme on l'a vu au chapitre précédent à propos de la motivation paysagère du lien écouménal. Il y a, dans tout être humain, conjonction de tous les lieux de la subjectité, de la conscience individuelle à l'immatérialité ultime des constituants de la matière de son corps, dans les parages de ce que les physiciens appellent l'échelle de Planck (c'est-à-dire en deçà de l'échelle du noyau de l'atome). Ne serait-ce qu'en termes physiques, les lieux de ma subjectité vont de l'échelle de mon corps jusqu'à cette échelle de Planck, où « mon » ne veut plus rien dire : « je » suis en totale continuité avec les interactions fondamentales de l'univers physique. Toutefois, mon être ne se borne nullement à ces termes physiques : existentiellement (ek-sistentiellement), ma subjectité s'étend soit jusqu'aux confins du monde, soit encore au-delà (dans une option théologique, celle par exemple du christianisme lorsqu'il conçoit l'être humain comme créé à l'image de Dieu, ou encore l'incarnation de l'être divin dans l'étant humain appelé Jésus).

Concevoir cette structure scalaire de l'être n'aide pas seulement, préventivement, à éviter les confusions du genre de celles du holisme écologique, avec les conséquences qui virtuellement s'ensuivent. Cela permet aussi, dans un sens actif, de franchir décisivement la frontière infranchissable que le dualisme moderne avait établie entre l'être humain et les autres êtres, et ainsi d'étendre rationnellement – c'est-à-dire sans les incohérences du holisme ou du déterminisme – le champ de l'éthique à la nature.

Les niveaux d'émergence de l'être

En effet, les échelles de la subjectité vont, *sans solution de continuité*, du moi-ici-maintenant jusqu'aux aux confins du monde, d'une part, et, d'autre part, à l'intérieur du moi, de la conscience individuelle jusqu'à l'échelle de Planck. Il importe peu ici que l'échelle ultime soit celle de l'Être comme dans la tradition « occidentale », ou celle du Néant comme dans la tradition « orientale » ; ce qui compte est qu'il n'y a pas quelque chose de tel qu'un moi complètement distinct du reste du monde.

Cependant, s'il n'y a pas de solution de continuité entre moi et le monde, il y a des seuils ou des niveaux d'émergence de l'être. Cela veut dire qu'il y a des sauts qualitatifs d'une échelle à l'autre : l'être humain ne se réduit pas à l'animalité, qui ne se réduit pas à la vie, qui ne se réduit pas à la matière, qui ne se réduit pas aux molécules, qui ne se réduisent pas aux atomes, qui ne se réduisent pas aux noyaux, qui ne se réduisent pas aux particules, lesquelles...

Le moi est tout cela à la fois, *mais aussi,* à chacun de ces seuils, des particules subatomiques à l'étant humain nommé Untel, il accède à un autre ordre de grandeur ontologique dans la définition de son être.

Ces seuils ou ces niveaux d'émergence de l'être, on peut les comparer au fond du tamis dont parle Platon dans le *Timée.* À une certaine échelle, on passe à travers, à une autre, on ne passe pas ; et pourtant, l'être est en continuité : de l'échelle de Planck à celle de ma conscience, mon être existe parce que, en se définissant progressivement, il passe à travers tous les seuils ou niveaux de l'être.

De même, le sol des lieux de l'éthique est percé comme un tamis : bien que l'éthique au sens plein ne vaille qu'entre les sujets humains, c'est-à-dire au degré maximal de notre subjectité, elle vaut encore, quoique à un degré moindre, dans les lieux inférieurs où notre subjectité rejoint celle des animaux, puis celle des êtres vivants en général, puis rejoint celle de la matière.

Telle est la structure scalaire du « tamisage » de l'être. C'est cette structure qui justifie, ontologiquement, que l'être humain doive le respect aux animaux, aux plantes, à la vie, à toutes les choses inanimées ; car les lieux de l'être de tous ces étants ne sont autres que les lieux de l'être des sujets humains eux-mêmes. Toutefois, en raison de cette même hiérarchie des lieux de l'être, nous devons le respect moins aux choses inanimées qu'à la vie, moins à la vie qu'aux plantes, moins aux plantes qu'aux animaux, et moins aux animaux qu'aux êtres humains ; car le respect en la matière n'est autre que l'expression, proportionnelle et symétrique, des valeurs éthiques que concentre la conscience individuelle des sujets humains, en particulier la responsabilité.

Quant aux êtres dont la subjectité ne s'exprime qu'aux lieux inférieurs de l'être, eux, bien entendu, ne nous « doivent » rien ; car le devoir, comme toutes les valeurs de l'éthique, cela ne vaut que dans une perspective centrée sur la subjectité humaine.

CONFORMER L'ÉTANT À L'ÊTRE

Séparer ou unir

La structure scalaire des lieux de l'être comporte, entre autres énigmes, la suivante : comment s'établit la continuité de l'être entre les deux lieux ultimes dans un sens et dans l'autre de l'échelle – la conscience individuelle d'un côté, l'univers ou l'absolu de l'autre ?

Exprimée dans un langage plus simple, cette question se pose à chacun d'entre nous sous la forme suivante : quelle est ma raison d'être ?

Inutile de s'étendre sur le lien évident d'une pareille question avec l'éthique, ni sur le fait qu'elle résume la conscience humaine sous sa forme la plus haute, ni encore sur le fait que, la plupart du temps, nous n'osons pas nous la poser. La poser, en effet, c'est en quelque sorte s'approcher d'un abîme.

Il va de soi que la réponse diffère suivant notre culture et notre personnalité. De manière très schématique, on peut dire cependant qu'il existe deux grands types dans la manière de chercher la réponse : l'un consiste à séparer les choses, l'autre à les unir ; autrement dit la voie analytique et la voie symbolique.

Ces deux types d'attitudes sont complémentaires, et tous deux nécessaires à l'établissement du sens que le monde a pour nous ; néanmoins, ils se développent respectivement en systèmes qui peuvent devenir, dans leur principe sinon dans leur pratique, entièrement réfractaires l'un à l'autre. L'exemple type de l'attitude symbolique, c'est la religion ; et celui de l'attitude analytique, c'est la science moderne. Cependant, la science ne peut pas plus se passer de symboles que la religion ne peut se passer d'analyses ; du reste, avant la modernité, l'on n'envisageait même pas que l'esprit scientifique pût être étranger à la religion.

Le foyer du lien écouménal

Le problème que nous nous posons ici ne concerne ni la religion ni la science en tant que telles ; c'est celui du point de départ à partir duquel commencent à diverger les attitudes susdites, lesquelles ne sont autres que la recherche de la vérité de l'être par des voies différentes. En effet, ce point de départ n'existe pas seulement dans l'histoire des sociétés ; il existe *aussi* dans chaque être humain et, à ce titre, cela concerne directement l'éthique.

Le point de départ de cette recherche de la vérité de l'être n'est pas un point abstrait. C'est le foyer concret de la convergence, en chaque étant humain, de toute la structure d'échelle des lieux de l'être. Chaque étant incarne toute la structure de l'être, et ce faisant la rend accessible à nos sens. En cela, chaque étant est la demeure de l'être. Cela ne concerne pas seulement l'être humain, mais tous les étants. Cette fleur singulière, par exemple, dans son parfum et sa beauté, c'est la demeure de l'être de toutes les fleurs. Nous sentons cela inconsciemment, ou nous le percevons intuitivement. Cependant, nul étant plus que la personne humaine, nulle partie du corps humain plus que le visage, et dans le visage rien plus que les yeux, n'incarne cette convergence de tous les lieux de l'être en un même foyer. Le point de départ de la recherche de la vérité de l'être, c'est le regard humain.

Ce qui dans le regard humain nous concerne ici est le fait que s'y allient la conscience de notre relation au monde (le paysage) et la matérialité de notre corps (l'organe visuel) ; autrement dit, le regard exprime la double dimension, à la fois symbolique et écologique, de notre existence. Sans doute est-ce là, dans la vérité imparable de cet accord, qu'il faut chercher le foyer du lien écouménal ; de même que, dans notre relation à autrui, c'est le regard qui ultimement nous dit la vérité de cette relation.

Le devoir de la réalité

Or ce que le regard appréhende, ce sont des formes (au sens large, y compris les couleurs, les textures, etc. de la réalité). Ces formes sont celles des écosymboles qui nous entourent : les réalités de notre monde, qui sont toujours à la fois écologiques et symboliques. Ce sont aussi, autrement dit, les étants qui peuplent le monde, lesquels incarnent les divers lieux de l'être.

Dans ces formes, le regard humain cherche la vérité de l'être. Il la recherche des deux façons complémentaires que nous avons dites : en distinguant et en rassemblant. De par la première attitude, qui, au fil des siècles, a conduit à la science moderne, nous connaissons le versant écologique des écosymboles, autrement dit la matérialité des étants. En effet, c'est par la mesure exacte des étants, par le calcul exact des rapports entre ces mesures, et par l'inférence exacte des implications de ces rapports, que la science est parvenue à définir cet aspect de la vérité de l'être. Celui-ci ne nous concerne pas ici, car, comme on l'a vu, le point de vue de la science doit en principe s'abstraire des jugements de valeur. L'échelle de Planck, par exemple, qui pour autant que nous le sachions est celle du lieu ultime de la réalité physique, n'a en principe rien à voir avec l'éthique (en pratique il en va autrement, bien entendu ; la maîtrise de la fusion thermonucléaire, par exemple, passe par l'échelle de Planck).

L'autre attitude, en revanche, est de part en part éthique (et esthétique, politique, etc.). Elle conjoint en effet le *is* et le *ought*, ce qu'est et ce que doit être la réalité du monde, à travers les formes des étants qui le constituent.

Mais que *doit* donc être la réalité du monde ? Autrement dit, que *doivent* exprimer les écosymboles qui nous entourent ?

Ce que doit être la réalité du monde n'est autre, bien entendu, que la vérité de l'être. Nous *voulons* savoir ce que sont les choses ; et de ce fait, comme on l'a vu, de par notre lien écouménal, les choses elles-mêmes s'empreignent de notre volonté. C'est cela, le *devoir* de la réalité : vouloir nous apparaître telle que nous la recherchons.

Répétons, pour plus de garantie vis-à-vis de l'animisme, que le « devoir » en question n'a pas pour origine l'être en soi des non-humains ; il ne fait qu'exprimer, dans les choses, les plantes et les animaux, la projection existentielle (ek-sistentielle) de notre être – c'est-à-dire notre propre motivation paysagère.

La tension de l'étant vers l'être

Cette volonté d'origine humaine (autrement dit le *yi* du paysage à la chinoise), on l'a vu aussi, n'est pas que simple subjectivité de notre part ; elle est trajective. C'est dans cette trajectivité que les étants expriment, pour notre regard, la vérité de leur être. Aussi bien ne sont-ils pas de purs phénomènes ; la réalité que nous percevons participe aussi de leur être véritable. C'est également pourquoi notre regard veut toujours aller au-delà des simples apparences, pour saisir cet être.

Autrement dit, au-delà de la forme extérieure, le regard humain cherche à faire coïncider l'étant avec l'être ; il veut *conformer* l'étant à l'être. C'est cela même que préconisent, comme on l'a vu, les traités de peinture chinois, pour lesquels le peintre véritable doit savoir exprimer le paysage par-delà sa forme extérieure *(waixing)* ; la forme peinte, en l'occurrence, doit exprimer la nature propre *(xing)*, autrement dit l'être du paysage grandeur nature.

Quittons ici le domaine de l'esthétique pour retrouver celui de l'éthique. Dire que *l'étant doit se conformer à l'être*, cela dépasse la question de l'art ; et ce ne sont pas seulement les étants non humains que cela concerne, mais notre existence même ; d'abord au plan éthique, celui de la valeur morale de nos comportements ; lesquels, au-delà de la forme particulière de l'étant qui relève du lieu singulier de son être, doivent tendre vers une forme plus générale, qui relève des lieux communs du lien social. Cela, c'est proprement éthique. Mais comment donc s'exprime, dans la réalité des formes tangibles, cette tension de l'étant particulier vers l'être général ?

La conformation au modèle

Ce processus est celui par lequel l'humanité (l'ensemble général des sujets humains particuliers) conforme les étants à des types de formes ; qu'il s'agisse de formes dans l'espace (on parlera alors de styles architecturaux, de types de mobilier, de structures agraires, etc.), ou de formes dans le temps (l'on parlera alors de rites, de modes vestimentaires, de règles de politesse, etc.).

Souvent, l'opinion ordinaire juge que cette *formalisation* éloigne de la vérité des êtres. On dira par exemple en français : « purement formel », au sens de « pas véritable » ; et en japonais, l'on distinguera le *tatemae* (agir pour respecter les formes) du *honne* (la voix du cœur).

En réalité, la conformité au modèle que vise cette formalisation est bien autre chose qu'une simple adaptation des formes extérieures. Comme le suggèrent le mot français *conformation* ou le mot allemand *Gestaltung*, ce qui est en cause dans ce « rassemblement » (*con-*, *Ge-*) des formes est aussi l'être propre de chacun des sujets qui, symboliquement, se rassemblent ainsi dans une forme commune. C'est bien le lieu commun d'un être plus profond auquel s'agrègent alors les étants, pour assurer l'assise de leur être propre. En allemand, *Gestaltung* ne signifie pas seulement « modelage » ou « mise en forme », cela veut dire aussi « création ». En japonais, les *kata* (formes matricielles, modèles ou stéréotypes de comportement) que la société impose aux

individus dans de multiples domaines ne sont pas seulement une affaire de *katachi* (forme), ils sont la voie éthique
(dô) par laquelle le *sugata* (forme singulière immédiatement
sensible et conjoncturelle) de chaque étant humain rejoint
l'assise plus stable d'un être collectif – la société.

Cette conformation de l'étant à l'être n'est bien entendu
que relative ; l'être social n'est pas l'être suprême, d'une
part, et, d'autre part, l'ontogenèse de chaque étant ne se
réduit pas à la conformité symbolique ; toujours demeure,
en chaque être humain, ce pan physique ou écologique que
l'approche symbolique de la vérité est inapte à saisir (sauf
à l'interrompre physiquement, comme le font volontiers les
peuples amateurs de symboles en mettant à mort leurs
déviants).

La volonté de conformer l'étant à l'être, par ailleurs, ne
concerne pas seulement le comportement des humains
entre eux, mais tout le lien écouménal. En effet, cette tension s'exprime dans toute perception des choses, dans toute
motivation paysagère ; en cela, elle empreint toute l'écoumène de la dimension éthique de notre être.

Au col de Nakayama

Donnons-en l'exemple d'un moment que j'ai vécu moi-
même, il y a environ un quart de siècle. J'habitais alors à
Hokkaidô, et l'on était en hiver. J'eus à passer un jour par
le col de Nakayama, en venant de Sapporo. Lorsqu'on
arrive au col, on voit soudain, par-delà, surgir le mont
Yôtei, un volcan éteint que l'on surnomme souvent, tant
sa forme conique est parfaite, *Ezo Fuji* (le Fuji de Yezo,
l'ancien nom de Hokkaidô). Je ne l'avais encore jamais vu,

et il m'apparut alors, à cause de la neige, sous son aspect le plus impressionnant : un cône immaculé, qui prenait de l'ampleur à mesure que je passais le col. Cependant, comme j'étais venu à Hokkaidô pour préparer une thèse de géographie, je connaissais déjà l'existence du Yôtei, je l'avais vu en photographie, et je savais qu'on le surnommait « le Fuji de Yezo ». C'était de mon devoir de géographe !

Dans l'instant où je vis le Yôtei, une congruence s'établit entre la forme singulière *(sugata)* de l'étant qui m'apparaissait, la forme plus générale *(katachi)* référant au mont Fuji, auquel elle me fit immédiatement penser, et le type *(kata)*, plus général encore, de l'être « volcan conoïde », que j'y reconnus non moins immédiatement.

Cette coïncidence, qui donnait sens au paysage et m'y fit éprouver un sentiment de beauté quasi supraterrestre, on ne peut l'abstraire pourtant ni des raisons pour lesquelles je me trouvais alors à Hokkaidô (c'est-à-dire essentiellement pour préparer une thèse), ni du souci que cette volonté impliquait, ni du savoir livresque que j'avais, dans mon passé d'étudiant, dû ingurgiter à propos des volcans. Bref, la motivation paysagère qui s'empoigna de mon regard, au col de Nakayama, et qui m'y fit instantanément rapporter l'étant « Yôtei » à son être de volcan, était largement faite de mon devoir social ; mais elle n'eût rien été sans l'être physique ou en soi du Yôtei. C'était la forme spatio-temporelle, écouménale, de l'accord trajectif des matrices temporelles d'une vie de géographe, et des formes intrinsèques, spatiales d'une montagne. Le mont Yôtei, je le vis comme je devais le voir ; et son *yi* me le rendit bien, il me le rend encore en souvenir.

Hauts lieux et lieux saints

Il est des lieux où, plus qu'ailleurs, s'exprime la motivation qui pousse les formes du paysage en direction de l'être. C'est ce que l'on appelle des hauts lieux. Hauts dans la réalité physique, ils ne le sont pas toujours, mais souvent. Que ce soit dans *La Colline inspirée* de Maurice Barrès (1862-1923) ou dans les *Notes de voyage (Youji)* de Xu Xiake (1586-1641), à l'autre bout de l'Eurasie, la littérature mondiale regorge des exaltations que le relief terrestre engendre là dans l'esprit humain. Pas seulement la littérature, mais aussi toutes les formes d'expression de la créativité humaine, de l'architecture religieuse au génie militaire. À Sion par exemple, en Lorraine, la colline haute de 541 m qui inspira Barrès porte une basilique fameuse, Notre-Dame-de-Sion. Celle-ci a par ailleurs provigné en écoles religieuses, des Notre-Dame-de-Sion sans colline, lesquelles furent de « petits hauts lieux » pour des milliers de jeunes filles françaises.

Dans les grands comme dans les petits hauts lieux, plus qu'ailleurs est à l'œuvre l'élan de *Gestaltung* par quoi le lien écouménal, plus ou moins explicitement, plus ou moins moralement, plus ou moins matériellement, tend à remodeler notre existence pour la « tamiser » vers l'assise plus stable d'un lieu d'être plus général. Par là se justifie que tant de religions aient, dans les hauts lieux (qu'on appelle alors en général des lieux saints), recherché les voies mystiques par où l'être humain, souvent au prix d'une ascèse (la conformation rigoureuse de l'étant à une forme matricielle), quête le lieu incommensurable de la divinité. Ces voies dépassent le point de vue de la médiance qui, par définition, borne son horizon loin en deçà des lieux ultimes de l'être. D'évidence toutefois, dans ces hauts lieux qui appellent le regard à chercher la vérité de l'être, prend naissance le chemin qui peut y mener certains d'entre nous.

DE L'ŒUVRE HUMAINE À LA NATURE

Lieux d'être et espace-temps

La notion de lieu évoque au premier abord l'espace, mais il est essentiel, à propos de l'échelle des lieux de l'être, d'avoir à l'esprit qu'il s'agit d'un espace-temps. Chacun des lieux considérés possède sa temporalité propre, laquelle correspond à une ontogenèse. La temporalité du lieu de la subjectité individuelle relève de la durée d'une vie humaine. Celle de la subjectité d'une société dépend de l'histoire de cette société, ou plus exactement de l'époque considérée au sein de cette histoire ; elle se compte en siècles. Celle de la subjectité de l'espèce humaine se compte en dizaines (pour *Homo sapiens*) ou en centaines (pour ses ancêtres) de milliers d'années ; celle de la subjectité des mammifères supérieurs, en millions d'années, etc., jusqu'à l'échelle temporelle de l'univers, dont l'âge est d'une quinzaine de milliards d'années.

Il faut aussi avoir en tête que la temporalité en question n'est pas celle, linéaire, du déroulement objectif des événements historiques. Il s'agit de la temporalité trajective du monde ambiant, laquelle, en chaque étant, combine (trajecte) toutes les échelles de temps. La subjectité de la conscience individuelle n'a certes proprement de lieu qu'à l'échelle d'une vie humaine mais, en deçà de la conscience, dans chaque étant humain n'en jouent pas moins, à tout instant, les temporalités respectives de tous les lieux d'être qu'on vient d'évoquer. Dans le présent que je vis, moi maintenant, jouent aussi les échelles de temps du social, de l'humain, de l'animal, du vivant, jusqu'à celles de la matière, où se combinent les temporalités les plus extrêmes (à l'échelle de Planck coexistent des particules dont la durée de vie, pour certaines, n'est autre que celle de l'univers lui-même, et pour d'autres se compte en beaucoup moins d'un milliardième de seconde). Tout cela en moi, maintenant, et constituant nécessaire de mon être.

Cause et trajection

Les confusions d'échelle dont nous avons parlé plus haut valent aussi pour la temporalité des lieux de l'être. Le déterminisme environnemental ou géographique, notamment, confond l'échelle de subjectité de l'histoire sociale avec celle de l'histoire des espèces, en prétendant appliquer à l'être humain les mêmes déterminations naturelles qu'aux animaux ; par exemple en établissant un rapport de causalité directe entre l'évolution du climat et celle des civilisations. Or, à l'échelle de la subjectité humaine, la possibilité de choisir qui est propre à l'être humain rend immensément plus complexe le rapport en question. Face à un même phénomène climatique, des sociétés de cultures différentes réagiront de manière différente, d'une part ; d'autre part et surtout, l'humanité ne cesse d'inventer des solutions, techniques et politiques, qui chaque fois posent le problème en termes nouveaux.

Dès lors, il ne s'agit plus là de la causalité (même rétroactive) propre à l'environnement, mais de la trajectivité propre à l'écoumène. Dans l'écoumène, il n'y a pas, d'une part, l'environnement, d'autre part, l'être humain, sur lequel agiraient objectivement les transformations du premier. Ce qu'il y a, ce sont des milieux humains, où l'environnement n'existe que dans la mesure où il est interprété et agi par la société, c'est-à-dire où il devient autre chose que ce que les concepts de l'écologie peuvent permettre de prendre en considération.

Déterminisme et racisme

La portée éthique de ces distinctions est considérable, dans la mesure où la confusion d'échelle en question aboutit logiquement à justifier le racisme. C'est, entre autres causes, ce qui fait que les peuples blancs ou jaunes des zones tempérées de l'hémisphère nord jugent volontiers, en invoquant des raisons climatiques, que les peuples « bronzés » et surtout les Noirs des zones tropicales sont voués par la nature elle-même à être moins civilisés ; autrement dit, puisque la civilisation est le propre de l'humain, à être des humains de seconde ou troisième catégorie. Le déterminisme d'un Huntington ou d'un Watsuji, par exemple, au plan éthique, était virtuellement du même ordre que les arguments qui ont conduit les Européens ou les Arabes à esclavagiser les Noirs ; et il en va de même, sans qu'ils en aient conscience, des auteurs qui aujourd'hui reprennent des thèses déterministes.

Cette question du déterminisme n'est qu'une illustration supplémentaire du fait que la notion d'« éthique de l'environnement » est mal fondée, et que nous devons la repenser à la lumière d'un paradigme écouménal. En effet, les mouvements écologistes qui, tel Greenpeace, appliquent à l'ensemble de la planète des concepts et des valeurs qui sont essentiellement ceux d'une fraction de l'humanité, traitent virtuellement les autres peuples comme incapables de vivre dans leur propre milieu. Ces mouvements prennent effectivement en considération un « environnement » issu d'une science de la nature, l'écologie, lequel en tant que tel est abstrait de l'humain. Partant, l'invocation de cet environnement ne peut conduire qu'à des positions hasardeuses, voire franchement condamnables du point de vue éthique, comme on l'a vu au chapitre II.

Il faut donc affirmer la nécessité de prendre conscience que l'éthique de la relation de l'humanité à la Terre ne peut se passer d'une problématique d'échelle ; et qu'à l'échelle du lieu de la subjectité humaine (autrement dit l'écoumène) les concepts même les plus postmodernes des sciences de la nature perdent beaucoup de leur validité. En effet, appliqués tels quels à l'humain (cette démarche caractérise ce qu'on appelle le scientisme, dont le déterminisme géographique est une variété), ils équivalent de ce fait même à une confusion d'échelle, entraînant donc virtuellement les conséquences éthiques que l'on a vues ; en un mot, à rabaisser l'humain – ce qui, en pratique, veut toujours dire : *certains* êtres humains – au rang de l'animal.

Énaction et « affordance »

Tel est, par exemple, le cas du concept d'*énaction*, que Francisco Varela a introduit dans la problématique du rapport entre le sujet et son environnement. Nous reviendrons au dernier chapitre sur ce concept, qui est au demeurant très riche. Ici nous concerne seulement une question d'échelle temporelle.

Fondée par les sciences de la nature, l'approche énactive de Varela le conduit à prendre position, entre autres, dans certaines questions concernant le darwinisme et l'évolution des espèces. Elle le conduit aussi à contredire James Gibson, le père de l'approche écologique en matière de perception visuelle. Gibson a notamment créé la notion d'*affordance*, à savoir les prises que l'environnement offre à la perception parce que la faculté de perception du sujet percevant est elle-même fonction de cet environnement.

Varela critique Gibson dans la mesure où celui-ci postule que ces prises sont des invariants, toujours présents et prêts à être perçus dans l'environnement, même si, le cas échéant, le sujet ne les perçoit pas. Varela, lui, pose qu'il n'y a pas d'invariants dans l'environnement : celui-ci évolue toujours en fonction du sujet, et réciproquement. Il y a « couplage structurel » entre le sujet et l'environnement.

En fait, les notions d'énaction et d'*affordance* sont très proches dans leur principe (c'est-à-dire qu'environnement et sujet sont fonctions l'un de l'autre) ; mais il ne s'agit pas de la même échelle. Gibson prend essentiellement en considération la vision humaine, alors que Varela considère l'être vivant en général, dont le lieu d'être est d'une tout autre échelle.

Or ce qui peut être vrai à certaines échelles ne l'est pas à d'autres. Les prises que m'offre l'environnement à tel ou tel moment de mon existence, par exemple cette rue que je traverse maintenant, préexistent bien entendu à mon passage : les prises que sont les trottoirs, les devantures des magasins, les automobiles en stationnement, etc. étaient déjà là avant ; ce sont objectivement des invariants attachés aux choses. À une autre échelle de temps et d'espace, néanmoins, lesdites prises – par exemple les marches de cet escalier – n'existeraient pas sans le couplage structurel et l'énaction qui les lient à l'histoire culturelle de la société à laquelle j'appartiens, ainsi qu'à l'histoire bio-éthologique de l'humanité. Ces marches supposent en effet une certaine architecture – fait culturel –, mais non moins le mode de locomotion qui est propre aux êtres humains – fait biologique. Les singes n'ont pas besoin d'escaliers, les oiseaux encore moins.

Or Varela ne fait pas cette distinction. Il traite à la même échelle la question de l'*affordance* selon Gibson, d'une part, et, d'autre part, des problèmes phylogéniques tels que l'évolution qui a réciproquement adapté l'œil humain et l'environnement dans lequel, au fil des centaines de mille et des millions d'années, s'est développée la lignée de l'espèce humaine.

De l'empreinte à la matrice

Ce problème des échelles spatio-temporelles de l'ontogenèse équivaut à celui du mouvement relatif. Les choses se passent en effet un peu comme si, à partir du lieu de la conscience humaine (moi – ici – maintenant), les lieux d'être qui l'emboîtent successivement se mouvaient à des vitesses différentes, comme les détails plus ou moins éloignés d'un paysage que l'on traverse en train : les lieux d'être les plus éloignés de la conscience (les niveaux inférieurs de notre être, tels l'animalité ou la matérialité) paraissent se mouvoir plus lentement mais, en fait, c'est tout le paysage qui bouge par rapport à la fenêtre du train. De même, les *affordances* peuvent être pratiquement des invariants à une certaine échelle spatio-temporelle, et ne pas l'être à une autre échelle.

Le point de vue de la médiance prend en compte ce « mouvement relatif », sous le nom de trajection. Il est crucial quant à notre rapport aux choses. Comme le montrera l'exemple suivant, il remet complètement en cause le rapport sujet/objet, ainsi que le rapport de l'œuvre humaine à la nature.

Les villes sont des œuvres humaines. À ce titre, on peut les considérer comme des objets, produits artificiellement par des agents humains, tout comme, à une autre échelle, cette table que j'ai sous les yeux maintenant.

Cet objet qu'est la table, il ne me viendrait pas à l'idée de la considérer comme un sujet. Elle résulte objectivement de l'action passée de sujets humains.

Considérée cependant comme faisant partie de ce que Latour appelle des « collectifs », il en va autrement. À une autre échelle de temps et d'espace, en effet, la table en général fait partie d'un système – disons, pour simplifier, une civilisation – si intriqué qu'y distinguer l'objet du sujet devient illusoire. Dans ce système (ce « collectif »), la table est la condition nécessaire de diverses actions humaines, qui sans elle ne pourraient avoir lieu ; et à ce titre, elle est intégrée dans ces actions mêmes, c'est-à-dire qu'elle est du côté du sujet et non pas de l'objet. Ce que, dans le moi-ici-maintenant de ma subjectité individuelle, comme Descartes, je perçois dans l'espace comme un pur objet, c'est en réalité, replacé à l'échelle spatio-temporelle de la subjectité d'une civilisation, quelque chose qu'on ne peut abstraire de cette subjectité.

Dit en termes ontologiques, si l'étant « table » que je perçois est effectivement un objet dans l'espace, l'être spatio-temporel de la table, lui, participe de mon être de sujet.

Revenons maintenant à la ville, qui est un étant infiniment plus complexe et d'une tout autre échelle spatio-temporelle que la table. La ville n'est pas un objet (contrairement à ce qu'en pense l'urbanisme moderne), c'est un milieu pour l'être humain. Tout y fait sens, et ce sens conditionne la subjectité de ses habitants. Certes, à un moment donné de l'action humaine, la ville matérielle est bien constituée d'objets, sur lesquels s'exerce cette action. Comme telle, la ville est donc une empreinte de l'action humaine. Sur le long terme toutefois, la matérialité même de la ville devient une matrice de l'action humaine. Elle inspire, guide, contraint l'œuvre des architectes, les règlements de l'urbanisme, les comportements des habitants. Elle est, en quelque sorte, le représentant actuel de la subjectité des humains qui l'ont construite dans le passé.

C'est ainsi que la ville, dans la trajection de diverses échelles spatio-temporelles, devient un être empreint de subjectité qui est aussi matrice de subjectité. Ce n'est pas, certes, un sujet proprement dit, car son échelle ontologique n'est à coup sûr pas celle de la personne individuelle douée de conscience ; mais disons qu'elle est sujet dans une certaine mesure. Dans cette mesure-là, les opérations de « table rase » que l'urbanisme moderne a si souvent effectuées, et que Le Corbusier en particulier a prônées, ont été des crimes.

Il va de soi que cette *trajection de la ville en sujet* est un phénomène écouménal, et qu'elle participe de l'existence (ek-sistence) humaine. Porter atteinte à la ville, c'est effectivement porter atteinte à des êtres humains ; Scipion Émilien le sentait bien, qui tenait à ce que Carthage fût rasée.

La trajection vers la nature

Cependant la ville, œuvre humaine, ne trajecte pas seulement vers la subjectité ; elle trajecte aussi vers la nature, et ces deux modes trajectifs sont liés. Livrée à elle-même, tout d'abord, la ville matérielle évolue vers la ruine, jusqu'à disparaître dans l'environnement « naturel », comme maintes cités de Mésopotamie dont les tells avaient tout bonnement rejoint l'être des collines. Cependant, même habitée, la ville est, comme on l'a vu, quelque chose qui, un peu comme la nature, entre dans un jeu d'action/réaction avec l'œuvre humaine. Certes, elle n'est pas vivante au sens où vivent les animaux et les plantes (quoiqu'elle en contienne beaucoup, et que cela joue aussi) ; mais elle n'en vit pas moins à travers les sujets humains qui la prennent en compte. Elle fait partie de leur propre existence (ek-sistence) et, à ce titre, de leur vie. En un mot, elle vit une vie de milieu humain, écouménale plutôt qu'écologique.

Cette question n'est donc pas du même ordre que celle, purement écologique, de la présence de verdure ou de petits animaux en ville. Il ne s'agit pas seulement de ces étants vivants qui peuplent la ville, mais, à une autre échelle, de l'être de la ville, ou de sa nature même. C'est cela qu'un véritable architecte doit savoir prendre en compte. En effet, cet être-là est indissociable de l'être des habitants eux-mêmes ; il est présent en eux et autour d'eux, un peu comme la nature est présente en nous et autour de nous, à une autre échelle ontologique que celle de notre conscience.

Ce n'est qu'en arrêtant arbitrairement l'être spatio-temporel de la ville dans l'espace – comme Descartes par son regard sur la « chose étendue » –, donc en absolutisant une structure qui n'est en fait qu'un mouvement relatif, qu'il devient possible de la considérer et de la traiter comme un pur objet. Dans la réalité de l'écoumène, il en va tout autrement ; et c'est la raison pour laquelle nous devons respecter les villes, ces demeures humaines entre toutes.

Les mêmes raisons écouménales valent aussi, à des degrés divers, pour les campagnes, les forêts, les déserts et les mers, bref pour toute la surface de la Terre. L'écoumène, qu'elle soit plus ou moins œuvrée par l'humanité, n'est en rien quelque chose qui s'oppose à la « nature » en soi ; et cela tout simplement parce qu'il n'existe rien de tel que la « nature ». Ce qui existe, c'est l'accord trajectif des diverses échelles de l'être, dans un mouvement relatif où l'humain rejoint le naturel, non moins que la nature n'œuvre en lui.

C'est la logique de ce mouvement de trajection que nous allons examiner plus en détail dans le dernier chapitre.

V
Appartenance et liberté

LA RAISON TRAJECTIVE :
UNE LOGIQUE DU *MAIS AUSSI*

Ontique et ontologique

Vers la fin du premier chapitre de *Fûdo* – le chapitre théorique où il justifie la nécessité d'ajouter la perspective de la médiance à celle de l'époqualité (ou plus exactement de l'historialité, *Geschichtlichkeit*) selon Heidegger –, Watsuji écrit ceci : « Il s'agit donc d'une connaissance ontique dans la mesure où elle vise la particularité des êtres particuliers, mais c'est une connaissance *ontologique* dans la mesure où elle saisit ces façons de faire particulières en tant que modes de l'être conscient de soi de l'humain. Ainsi, la saisie de la *structure particulière* historique-médiale de l'humain devient une connaissance ontologique-ontique. Dans la mesure où l'on s'interroge sur les types de milieux, il ne peut qu'en être ainsi » (p. 23).

Watsuji reprend ici la distinction heideggérienne entre l'ontique (ce qui est relatif à l'étant, c'est-à-dire l'être concret, particulier) et l'ontologique (ce qui est relatif à l'être, et spécialement à l'être humain). En revanche, il ne reprend pas celle que Heidegger établit entre historique (*historisch*, ce qu'établit objectivement la science historique) et historial (*geschichtlich*, ce qui est propre au sens d'une époque pour ceux qui la vivent) ; il emploie tout uniment le mot ordinaire *rekishiteki* (historique). Nous verrons plus loin ce que cette absence de distinction entre l'historique et l'historial entraîne dans la pensée de Watsuji.

Auparavant, penchons-nous sur l'idée que la connaissance des milieux humains *(fûdo)* doit être, à la fois, ontologique *et* ontique. Autrement dit, qu'en matière de milieux il s'agit forcément à la fois de l'être et de l'étant.

Les fleurs sont le printemps

En langage courant, cela signifie que dans la beauté de cette fleur, il y a la beauté de toute fleur ; que dans le regard de cette femme, il y a l'humanité ; que dans ce paysage, il y a la nature.

Nous avons vu dans les chapitres précédents qu'il en va effectivement ainsi dans l'écoumène, et que, dans cette relation, l'être humain peut même volontairement chercher à rapprocher l'étant de l'être. Nous avons vu également que l'origine lointaine de la science moderne, au contraire, est dans la séparation que la philosophie grecque effectua entre l'être et l'étant ; ce qui allait permettre à la science d'objectiver rigoureusement les étants.

Dans *Fûdo*, Watsuji n'a pas poussé l'examen de cette question au-delà de ce qu'il exprime dans le passage cité. S'il l'avait fait, peut-être aurait-il évité de confondre, comme nous l'avons vu au chapitre précédent, sa subjectivité avec la subjectité des peuples vivant dans les milieux dont il parle. L'« être conscient de soi » qu'il fait intervenir dans la relation médiale (ou écouménale) qui fait les milieux humains (c'est-à-dire l'écoumène), c'est lui, ce ne sont pas les sujets qui constituent ces peuples. Autrement dit, Watsuji substitue l'introspection à l'herméneutique.

Cela dit, cette erreur, il la commet en pratique dans les chapitres suivants ; mais pour nous en tenir au premier, l'on ne peut que s'incliner devant la profondeur de l'intuition qu'il exprime ici en quelques mots. Dans les milieux humains (l'écoumène), l'être et l'étant coïncident.

Cette intuition doit certainement beaucoup à la tradition esthétique japonaise. La notion de « sentiment des choses » *(mono no aware)*, la conviction que l'art poétique doit « faire dire aux choses les pensées du poète » *(mono ni yosete omohi wo nobu)*, etc., ce sont là des traits culturels anciens, qu'il n'est pas difficile de prolonger jusqu'à la conception watsujienne de l'être-là. Il va de soi par ailleurs qu'il faut en chercher l'une des sources en Chine, et spécialement dans le chan (zen en japonais). Comme le récapitule le *Shimen wenzi chan*, compilé sous les Song du Sud (1127-1278), le printemps est dans les fleurs, qui sont le printemps.

Nous n'approfondirons pas davantage cette perspective esthétique et culturelle. Ce qui nous intéresse ici est le problème que pose à la raison la coïncidence trajective de l'étant et de l'être dans les milieux humains. Comment *cette* fleur peut-elle être le printemps ?

L'être et le bébé

S'agissant plus particulièrement de fonder une éthique de l'écoumène, je rapprocherai cette question d'un problème que Jonas pose dans *Le Principe responsabilité*, à savoir pourquoi, devant un nouveau-né, nous nous sentons tout particulièrement investis de responsabilité. Jonas montre qu'il y a « le "on doit" élémentaire au cœur du "est" du nouveau-né » (p. 179), et que ce qu'incarne ce bébé-ci, c'est « la famille humaine comme telle à chaque fois existante » ; car « avec tout enfant qui est mis au monde, l'humanité recommence » (p. 185). Autrement dit, l'étant « ce bébé » focalise tout l'être de l'humain.

Voilà qui est peut-être saisissable par le cœur d'une mère ou celui d'un poète, mais certainement pas par la science (du moins avant que la physique n'arrive à montrer que, par quelque courbure de l'espace-temps, ce bébé-ci est effectivement l'humanité). En termes écologiques, la biomasse du bébé ne vaut pas grand-chose. En termes écouménaux, en revanche, ce que veut dire Jonas peut s'entendre ; et ce qu'il s'agit de montrer ici, au-delà de l'intuition, c'est par l'effet de quelle logique cela est concevable.

Lieu et néant

Nous partirons de la « logique du lieu » *(basho no ronri)* de Nishida Kitarô [1]. Dans la conception nishidienne, il n'est

---

1. Sur ces questions, je me réfère au texte de Nishida, *Basho* (Lieu), pp. 208-289 dans ses œuvres complètes : *Nishida Kitarô zenshû*, vol. IV, Tôkyô, Iwanami, 1966.

d'être qui n'ait lieu d'être : « Ce qui est doit être dans quelque chose, sinon l'on ne pourrait distinguer le fait d'être et le fait de ne pas être » (p. 208). La même phrase pourrait aussi, et même plutôt, se traduire par : « Ce qu'il y a doit être dans quelque chose, sinon l'on ne pourrait distinguer le fait d'y avoir et le fait de ne pas y avoir. » La pensée de Nishida, en effet, ne peut être abstraite du fait qu'en japonais *aru* et *nai* veulent à la fois dire, respectivement, « être/y être » et « ne pas être/ne pas y être ».

On remarquera que cela, du même coup, rend inexprimable en japonais la notion d'être absolu (l'Être, c'est-à-dire Dieu), sinon à titre de traduction, par exemple par *zettai u*, de notions importées d'Occident. Dans son absoluité, l'Être suprême des Européens (ou des peuples monothéistes en général) n'a nul besoin d'un lieu pour être. Mais ce que pose Nishida dans la phrase susdite écarte par le fait même une pareille idée.

Fort logiquement, la théorie du lieu de Nishida repose au contraire sur l'idée d'un néant absolu *(zettai mu)* comme lieu ultime de tous les lieux. En quelque sorte, le *y* parfait, vidé de tout être/avoir (lesquels se confondent, en japonais comme en chinois) ; pour se le figurer commodément en français, il suffit en effet d'ôter le « il » et le « a » d'*il y a*. Autrement dit (pour éviter « être » et « néant », qui connotent trop fortement l'ontologie européenne), le lieu ultime d'« il y a », c'est : rien.

C'est ce rien, en tant que tel, qui accueille les étants qu'il y a. Si en effet l'absolu était l'être, il ne pourrait rien *y* avoir : la place serait déjà prise.

Il va sans dire que le *zettai mu* nishidien doit beaucoup au bouddhisme, ainsi d'ailleurs qu'au taoïsme. Ajoutons plutôt, pour que ce qui va suivre ne soit pas taxé de mys-

ticisme orientaliste, que l'ontologie que suppose la cosmologie contemporaine relève d'une logique voisine de celle
du *Dao de jing* (l'ouvrage fondateur du taoïsme, qui fait
émerger l'être, *you*, à partir du non-étant, *wu*). En effet,
pour que l'univers *ait lieu* (par suite du *big bang*), il faut
que ce lieu soit : rien ; sinon, il n'*y* aurait rien, la place étant
déjà prise. Une ontologie fondée sur l'être, comme c'est le
cas dans la tradition européenne, ne peut répondre à cela
qu'en faisant – dans une logique également imparable –
l'hypothèse de Dieu, à savoir l'Être qui n'a pas besoin d'un
lieu pour être[1].

La langue, lieu de la pensée

C'est justement cette hypothèse qui se reflète dans l'ontologie cartésienne. L'inconscient fort européen de Descartes
lui fait en effet poser l'être du sujet indépendamment de
tout lieu : *je pense, donc je suis*, cela signifie cette auto-
institution de la conscience (« je »), analogue à celle de
Dieu, et d'ailleurs vouée à supplanter Dieu quelque temps
plus tard.

Notons que le « je » en question a quelque rapport avec
la particularité qu'ont les langues indo-européennes de

---

1. Je passe ici rapidement, fort approximativement et trop péremptoirement,
sur des questions qui aussi bien en Occident qu'en Orient (à propos de Nishida
en particulier) ont donné, donnent et donneront lieu à toutes sortes d'interprétations plus ou moins contradictoires. Dans la tradition chrétienne, par exemple,
avec l'incarnation divine en la personne du Christ, il n'est pas sûr que Dieu n'ait
pas « besoin » d'un lieu pour être ; et l'on sait que chez des penseurs tels que
Jakob Boehme, la mise en relation de Dieu avec le monde a été poussée très loin.
Que le lecteur veuille donc bien considérer que ces quelques lignes ne visent qu'à
déclencher une réflexion sur ce qui va suivre : la question du rapport entre lieu,
être et subjectité.

pouvoir exprimer ainsi l'identité du locuteur indépendamment de toute situation et de toute circonstance : je suis « je » toujours et partout, que je m'adresse à Dieu ou à un canari. Cette possibilité linguistique de dire « je » contenait en quelque sorte celle qu'un jour Descartes dise « je pense, donc je suis » ; mais c'est à une autre échelle d'émergence de l'être, de manière contingente, que cette virtualité s'est actualisée dans la pensée de Descartes. En ce sens, on peut dire que la langue est le lieu de la pensée ; ce qui est tout autre chose que de dire que la langue détermine la pensée.

De son côté, l'inconscient fort japonais de Nishida lui fait développer une logique du lieu qui reflète étroitement les particularités de la langue japonaise. Parmi celles-ci, le fait qu'il n'y existe rien de tel que le « je » des Européens. Le sujet qui parle ne peut s'abstraire de la situation : ce qui, en japonais, tient lieu de « je » en français varie selon les circonstances. Autrement dit, son être doit participer de ce qui l'entoure ; il ne peut pas s'auto-instituer, comme le fait (ou plus exactement : *dit* qu'il le fait) le sujet cartésien devant l'objet. Traduites inconsciemment dans la pensée créatrice de Nishida, ces caractéristiques engendrent l'idée d'une « logique du prédicat » *(jutsugo no ronri)* opposable à la logique du sujet, ou de l'identité du sujet, qui a dominé la pensée occidentale.

L'engloutissement du sujet

La logique du prédicat est une logique du lieu, dans laquelle le « plan prédicat » *(jutsugo men)* englobe le « plan sujet » *(shugo men)*. Comme l'a montré Nakamura Yûjirô [1], c'est la logique qui est à l'œuvre dans les métaphores, la poésie, la schizophrénie : une logique où telle chose peut être identifiée à autre chose, tandis que dans une logique de l'identité du sujet, celle de l'inférence rationnelle ou du tiers exclu, cela n'est pas possible : une vache n'est pas un gendarme, A n'est pas non-A.

Du point de vue de Nishida, la logique du lieu implique que le sujet soit « englouti » par le lieu qui le subsume ; lequel en vient ainsi à acquérir les facultés propres au sujet : « Comme le plan sujet, qui jusqu'ici était l'être, s'engloutit *(botsunyû suru)* tel quel dans le plan prédicat, celui-ci en vient aussi à contenir *(fukunde kuru)* le sens de la volonté qui subsume le général dans le particulier » (p. 261).

Cette phrase est vertigineuse à divers égards. Linguistiquement d'abord, il faut remarquer qu'elle n'a justement pas de sujet, et que, par conséquent, c'est en quelque sorte le prédicat qui en tient lieu (la traduction française est en revanche obligée de donner un sujet à *botsunyû suru* comme à *fukunde kuru*). Autrement dit, la langue avec laquelle Nishida dit les choses contient déjà dans sa structure même ce qu'il en dit. Autrement dit encore, le japonais subsume la pensée de Nishida ; il l'engloutit.

Engloutissement et ultra-nationalisme

Pourtant, contrairement à la subsomption et à l'engloutissement qui se manifestent dans la structure de cette phrase, ce dont Nishida était inconscient, et contrairement à ce qu'il

---

1. Notamment dans *Basho*, Tôkyô, Kobundo, 1989.

a voulu dire consciemment en parlant de subsomption et d'engloutissement du sujet, tous les Japonais ne sont pas Nishida. Le sujet conscient (mais pas totalement conscient) et libre (mais pas totalement libre) « Nishida Kitarô », il n'en a émergé qu'un seul dans l'histoire non seulement de la langue japonaise, mais dans celle de l'humanité.

Le japonais est donc bien le lieu de la pensée du sujet Nishida, mais il ne fait pas que l'engloutir ; il lui a surtout permis d'émerger. Si Nishida n'envisage le rapport lieu/ sujet que comme un engloutissement, et non pas comme une émergence, c'est par l'effet inconscient d'une option éthique et politique, à savoir une idéologie qui, à travers la « logique du sujet » et le sujet cartésien qui va avec cette logique, vise l'individualité de la conscience.

En effet – et c'est là que logique et linguistique débouchent sur l'éthique –, la subsomption et l'engloutissement en question ont pour homologue, au plan historique, la manière dont Nishida souscrivit à l'ultra-nationalisme de son époque. Il assimila en effet son « néant absolu » à la Maison impériale, laquelle devenait de ce fait le « lieu » non seulement de tous les Japonais, mais également des nations que les armées japonaises s'occupaient alors à envahir (et même, virtuellement, le lieu du monde entier). Certes, Nishida n'était pas favorable à l'action des militaires, mais en acceptant de rattacher à sa philosophie des slogans ultra-nationalistes tels que *botsuga kiitsu* (abolition du moi, retour à l'Un), il justifia par ailleurs – de fait sinon volontairement – la démission des consciences individuelles devant le totalitarisme des militaires [1].

---

1. La question des rapports entre Nishida et les courants ultra-nationalistes de son époque donne lieu à des interprétations très divergentes ; voir, comme

Ainsi, la théorie du lieu de Nishida est marquée d'une contingence à la fois culturelle et historique.

L'engloutissement dans le fûdo

On peut rapprocher le cas de Nishida de celui de Heidegger, qui lui aussi se compromit avec le nationalisme dans une option conservatrice. Celle-ci à mes yeux n'est pas étrangère à la volonté des deux philosophes de dissoudre le sujet cartésien dans un tissu relationnel. Pour rester encore un peu au Japon, néanmoins, je reviendrai ici plutôt sur Watsuji. En effet, le *fûdo* de ce dernier fonctionne de manière analogue au *basho* de Nishida. Politiquement, en

exemple de cette diversité, le livre collectif dirigé par James W. HEISIG et John C. MARALDO, *Rude Awakenings : Zen, the Kyôto School, & the Question of Nationalism*, Honolulu, University of Hawaii Press, 1994. Du point de vue de l'histoire des idées politiques, qui n'est pas ma partie, disons pour faire court que je me rallie à cette opinion de Pierre LAVELLE : « Nishida Kitarô fut un adepte de la version ultra-nationaliste du courant principal et officiel de la doctrine impériale japonaise, c'est-à-dire d'un nationalisme religieux imprégné de millénarisme. À l'intérieur de l'ultra-nationalisme, il appartint à la droite idéaliste, au camp des civils hostiles à la direction du pays par les militaires, et à l'aile éclairée. Plus précisément, il fut proche de Konoe Fumimaro », « Nishida, l'École de Kyôto et l'ultra-nationalisme », *Revue philosophique de Louvain*, t. 92, n° 4, novembre 1994, p. 453. De mon point de vue, qui est celui de la médiance, il est déterminant, d'une part, que la logique du lieu selon Nishida (telle qu'il la formule lui-même dans le texte *Basho*) comporte un mouvement de subsomption et d'engloutissement du sujet dans son lieu, mais pas le mouvement inverse (c'est-à-dire qu'il n'est pas question d'une émergence du sujet hors de son lieu), et que, d'autre part, comme on l'a vu, la structure même du texte de Nishida exprime inconsciemment ledit engloutissement. À propos d'autres exemples, j'ai analysé cette même logique dans *Médiance, de milieux en paysages*, Montpellier/Paris, Reclus/ Documentation française, 1990. Elle est effectivement constitutive du lien écouménal, mais ce n'en est que l'un des deux aspects (l'autre étant l'émergence du sujet). Ne retenir que celui-ci relève d'une idéologie droitière.

particulier, il est voué à engloutir la conscience individuelle dans la volonté commune.

Dans le cas de Watsuji, l'engloutissement en question prend deux voies.

L'une est le déterminisme environnemental où il tombe en renversant inconsciemment la perspective de l'herméneutique (cela, comme on l'a vu, en contradiction avec les principes qu'il pose lui-même dans son premier chapitre). Je ne reviens pas ici sur les implications éthiques du déterminisme, que l'on a vues au chapitre précédent. Précisons seulement que, si Watsuji a confondu son moi individuel avec le moi collectif des autres peuples, cela a un rapport avec le fait que la langue et la culture japonaises portent à l'indéfinition du moi ; à plus forte raison dans l'ambiance idéologique du Japon des années trente. Cette ambiance (autrement dit la médiance et l'époqualité du Japon des années trente) prédisposait Watsuji à ne pas faire la distinction entre son moi et le nous des peuples étrangers, parce qu'il ne distinguait pas entre son moi et le nous japonais.

En fait, dans *Fûdo*, Watsuji fait tout le contraire d'une abolition du moi. Certes, par ses intuitions, il supprime la frontière entre le moi et l'autre ; mais, selon les cas, une telle suppression peut avoir des effets diamétralement opposés. Cela peut vouloir dire soit « engloutir le moi dans le nous » (annuler le moi), soit « engloutir les autres dans le moi » (annuler les autres). Dans *Fûdo*, c'est du deuxième type d'engloutissement qu'il s'agit : Watsuji substitue son moi au nous des autres peuples.

L'autre voie de l'engloutissement, inséparable au demeurant de la première, a consisté chez Watsuji, comme on l'a vu plus haut, à refuser de distinguer entre l'historique et l'historial ; ce qui, dans *Fûdo*, a équivalu en pratique à refuser l'histoire objective de la relation à la nature des diverses sociétés dont il parle, pour y substituer la vision totalement subjective de ses propres impressions de voyage (cette substitution étant celle-là même qu'entraînait le renversement de la perspective herméneutique). Là aussi, donc, on aboutit à une négation de l'altérité des autres sujets, qui est grosse de dangers aux plans éthique et politique.

Nécessité d'un autre paradigme

Ces exemples historiques suffiront pour poser ici avec netteté qu'il ne peut être question de fonder une éthique de l'écoumène sur une logique du lieu, telle quelle. Celle-ci explique certes (et cela est indispensable, pour ne pas tomber dans les chimères du scientisme) que l'on puisse faire corps avec son pays ou s'identifier à un paysage jusqu'à se fondre dans la nature, s'identifier même à la planète ; mais elle ne dit rien – au contraire – de la conscience et de la responsabilité qui doivent être celles de tout sujet humain devant les problèmes de l'environnement. Elle peut expliquer que l'on soit englouti par une motivation paysagère, elle ne peut pas dire – au contraire – comment cette motivation peut devenir volonté puis action délibérée pour changer les choses. En effet, la volonté, elle la retire à la conscience du sujet pour l'investir dans le lieu, et quant à la conscience, elle l'y engloutit. La logique du lieu, c'est une logique de l'appartenance, contraire à la liberté du sujet humain.

Alors, faut-il s'en tenir au paradigme inverse, celui de la subjectité cartésienne (que Heidegger et Nishida visaient justement à rejeter) ? Celui-là au moins, l'histoire l'a prouvé, c'est une garantie de la conscience et de la liberté. Nous avons vu toutefois au premier chapitre que ce paradigme n'est plus viable. En particulier, tant du point de vue de l'éthique que de celui de l'écologie, nous ne pouvons plus accepter la liberté irresponsable que s'est donnée le sujet moderne vis-à-vis de l'environnement terrestre. Pourtant, nous ne pouvons pas – nous ne devons pas – non plus brader cette liberté pour retourner à la matrice de nos apparte-nances passées ; cela serait non seulement impossible (on ne revient jamais dans le ventre maternel), mais, comme on l'a vu au chapitre II, cela serait contraire à l'éthique.

C'est le moment de définir ici les implications logiques d'un *paradigme écouménal*, fondé sur la notion de trajecti-vité, qui dépasserait cette opposition entre appartenance et liberté en une synthèse : *l'engagement conscient*.

La bande de Moebius

La logique de l'identité du sujet est une logique statique : A n'est pas B. La logique du lieu est une logique dynami-que : A devient B. Nous retrouvons ici deux grandes orien-tations de la pensée humaine : celle qui, en Occident, a mis l'accent sur l'être, et celle qui en Orient a mis l'accent sur le devenir. On ne peut pas – on ne *doit pas* – privilégier l'une plutôt que l'autre de ces orientations ; cela fait partie de la liberté fondamentale de tout être humain que de choi-sir, par exemple, entre le bouddhisme (qui, faisant l'option du néant ultime, le Vide, développe une pensée relation-nelle du devenir), et le christianisme (qui fait l'option de l'Être). Il *faut* accepter l'idée qu'il y ait en même temps de l'être et du devenir. Autrement dit, qu'à la fois A reste A *mais aussi* devienne B ; qu'à la fois le sujet garde son identité de sujet *mais aussi* qu'il s'identifie à son milieu.

Faute de compétence, je ne développerai pas cette idée sur le terrain de la logique ; d'ailleurs, ce n'est pas la logique pour elle-même qui nous intéresse ici, mais seulement le fondement rationnel qu'il nous faut donner à une éthique de l'écoumène. Contentons-nous donc de figurer cette *raison trajective* par une image spatio-temporelle : celle d'une bande de Moebius, où, lorsqu'on la fait tourner (ou lorsqu'on meut le crayon dessus), le dessus (A) devient petit à petit le dessous (non-A), sans pour autant jamais perdre son identité propre (A).

Lorsque la bande est immobilisée, nous sommes dans le monde de Descartes : le dessus (le sujet A) n'est pas le dessous (l'objet non-A). La logique du lieu, c'est de dire que la distinction entre le dessus et le dessous s'efface quand on considère le lieu (la bande) qui les subsume dans sa propre identité.

Ces deux interprétations sont également logiques, mais elles s'excluent mutuellement, car elles sont également partielles. Le prix de cette exclusion, c'est que, dans le premier cas, le monde est coupé en deux (c'est le dualisme) ; et dans le second cas, c'est que la conscience ne s'affranchit pas de son lieu (c'est l'absence de liberté).

Trajection et émergence

En cela, ces deux options logiques sont également fausses dans la réalité ; car dans la réalité, les êtres humains (comme tous les êtres) existent dans le monde, pas hors du monde ; *mais aussi*, ils ont conscience d'eux-mêmes et du monde. La réalité, notre humaine réalité, c'est le mouvement de trajection par lequel, tout en étant nous-mêmes, nous nous identifions ek-sistentiellement au monde. Il n'y a là nul mysticisme et nul ésotérisme : cette trajection est physiquement présente en la moindre bande de Moebius, et l'on peut la démontrer mathématiquement.

La différence – l'essentielle différence –, c'est que les bandes de Moebius n'ont pas conscience d'elles-mêmes. Pour cette raison, elles répètent indéfiniment leur cycle. La réalité humaine, c'est autre chose : l'humain, lui, dans sa conscience et sa liberté créatrice, fait indéfiniment émerger le cycle en un cycle d'ordre supérieur. C'est une trajection d'ordre écouménal, non point seulement physique comme dans les bandes de Moebius.

La raison trajective de l'existence humaine, c'est donc celle d'une *ontologie de l'émergence* – l'émergence par laquelle l'être advient à partir d'un lieu ontologiquement inférieur ; par exemple la vie à partir de la matière ou les molécules à partir des atomes. Cela ne veut pas dire que la matière ou les atomes cessent d'exister en devenant la vie ou les molécules ; ils gardent l'identité de leur être, *mais aussi* deviennent autre chose. C'est de la même manière que l'être humain, tout en restant animal, devient humain ; ou encore que la biosphère devient écoumène, tout en restant biosphère.

Comme on le voit, ce mouvement trajectif, tout en récusant la vision statique du dualisme cartésien, est exactement l'inverse de celui de l'engloutissement dont parle Nishida ; et il n'est pas difficile d'y voir un héritage de l'éthique moderne [1]. En effet, cela veut dire que la conscience indi-

---

1. Ainsi, bien entendu, que des sciences de la nature modernes : le processus de l'hominisation (c'est-à-dire l'émergence de l'humanité à partir de l'animalité) est une réalité paléontologique irréfutable, et qui est le contraire d'un engloutissement. Cependant, ce processus a été d'abord un processus naturel. Autrement

viduelle *doit* émerger de son lieu – lequel est notamment l'inconscient collectif – et non pas s'y engloutir ; car onto-logiquement, l'inconscient collectif est d'un degré éthique inférieur ; mais c'est reconnaître en même temps que la conscience individuelle ne peut et ne doit jamais s'abstraire totalement de ce lieu.

Raison trajective et devoir écouménal

Aux plans éthique et politique, cette option récuse avec force le holisme et le totalitarisme ; toutefois, elle n'entérine nullement, à l'inverse, l'individualisme à tout crin (qui n'est autre que l'égoïsme) ; celui-ci est en effet une utopie, laquelle établit fictivement la conscience dans un non-lieu et, ce faisant, dégage la personne de ses responsabilités écouménales. Il est inutile d'insister sur les méfaits de cette utopie en matière d'environnement.

La raison trajective pousse au contraire à reconnaître, consciemment, que nous avons des devoirs envers les lieux de notre subjectité (le corps, la société, l'espèce humaine, l'animalité, la biosphère, la planète, etc.), ces lieux emboîtés à partir desquels notre vie et notre conscience émergent ; cela parce qu'ils sont l'assise et la condition nécessaire de cette émergence. Sur la bande de Moebius, le dessus ne peut être le dessus (conscience de soi et liberté humaine)

---

dit, à son propre niveau de subjectité, c'est la nature elle-même qui a « voulu » (terme qui n'a évidemment de sens que d'un point de vue écouménal) que l'humain dépasse le naturel en devenant capable de produire de la culture ; fait qui invalide le principe même du holisme écologique (lequel prétend, à l'inverse, engloutir l'humain dans le vivant).

que s'il reste aussi, trajectivement, le dessous (appartenance au monde).

Telle est la logique de notre devoir *écouménal* : nous engager consciemment à respecter tous les étants de l'écoumène, parce qu'ils sont la condition nécessaire (non suffisante, certes) de l'émergence de notre propre conscience et de notre liberté.

LOCAL ET PLANÉTAIRE

La monadologie créatrice

Ainsi la raison trajective nous commande, éthiquement, de respecter les étants de l'écoumène parce qu'il en va, dans chaque étant, de notre conscience même, c'est-à-dire de ce qui est proprement le lieu de l'éthique. Pour la même raison, il est possible de dire que l'ensemble des étants (c'est-à-dire l'univers, mais nous nous en tiendrons ici à la planète Terre) correspond à la conscience dans une certaine relation, qu'il importe de préciser pour des raisons éthiques, justement.

Exprimée de manière plus concrète, cette question est celle du lien éthique entre deux pôles : d'un côté, la personne individuelle, ici maintenant, et, de l'autre côté, la Terre.

Cette question a été préfigurée par Leibniz dans sa *Monadologie* (1714). La monade leibnizienne est une unité, douée d'appétition et de perception, dans laquelle se reflète l'univers entier. Les diverses monades sont hiérarchisées, dans un rapport de correspondance que Leibniz appelle l'«harmonie préétablie». La monade qui contient toutes les monades, c'est Dieu.

Nishida a repris et développé ces idées dans sa propre perspective, celle d'un «monde de la monadologie créatrice» *(sôzôteki monadorojî no sekai)*, où se correspondent le général *(ippansha)* et le particulier *(kobutsu)* [1]. Dans cette correspondance, l'autodétermination du général, c'est la détermination réciproque des particuliers ; et, inversement, la détermination réciproque des particuliers, c'est l'autodétermination du général.

Cette vision métaphysique a reçu une confirmation éclatante avec ce que l'écologie a montré en termes biophysiques. En effet, il y a un rapport de correspondance entre l'équilibre de la biosphère (l'autodétermination du général) et les rapports réciproques des êtres vivants (la détermination réciproque des particuliers).

La nature comme condition de l'essence humaine

Cependant, du point de vue de la médiance, il nous faut aller plus loin. Si, en effet, d'un point de vue strictement écologique, on peut envisager une autodétermination de la biosphère (c'est exactement à cela qu'équivaut la théorie *Gaïa* de James Lovelock), cela n'est pas possible d'un point de vue écouménal. D'un côté, historiquement, il est évident que l'action humaine modifie l'équilibre de l'environnement dans une logique qu'on ne peut assimiler à une autodétermination de la biosphère. D'un autre côté, envisager

---

1. À ce sujet, voir NEI Yasuyuki, *Nishida tetsugaku de gendai shakai wo miru*, Tôkyô, Nobunkyo, 1992.

une autodétermination de la biosphère équivaudrait à un
holisme dont nous avons vu, au chapitre II, tout le danger
au plan éthique. Il n'est donc pas possible d'extrapoler
directement la monadologie nishidienne à la question environnementale ; il faut la penser dans une perspective écouménale et non pas seulement écologique.

Hans Jonas nous montre la voie en établissant que c'est
en tant qu'êtres humains, et « puisque nous devons faire
confiance à la promesse de l'*imago Dei* » (p. 191), que nous
avons le devoir de préserver une nature satisfaisante ; car
celle-ci, au-delà de l'existence biologique, est la condition
de notre humanité même (l'essence humaine).

Ainsi, pour reprendre la terminologie de Leibniz et de
Nishida, c'est dans la mesure où la monade qu'est la
conscience humaine reflète la monade des monades (Dieu
ou l'absolu), ou reflète au moins le général (la nature ou
l'univers), qu'il est de notre devoir, en tant justement que
nous sommes humains, de respecter notre environnement.

Comme on le voit, c'est là un rapport moins direct
qu'entre biosphère et êtres vivants ; cela fait intervenir la
conscience, et c'est en cela que c'est un rapport écouménal.
C'est en tant qu'êtres proprement humains, et non pas en
tant qu'êtres vivants, que nous avons un devoir écouménal ;
ce qui, bien entendu, se traduit aussi, matériellement, en
une obligation d'agir positivement au plan écologique, par
exemple pour préserver ou créer des biotopes.

Le reflet de l'infini

De telles actions ne sont donc envisageables que dans
la mesure où l'être humain dépasse la nature, et non point

parce qu'il y serait totalement inclus, comme l'envisage le holisme écologique. Cela conduit naturellement à s'interroger sur ce qui se reflète dans la monade qu'est la conscience de chaque être humain. Le point de vue de la médiance, qui se borne à l'écoumène, ne possède pas de réponse à une telle interrogation ; il peut seulement inférer que le matérialisme n'y répondra jamais. À partir de là, en effet, intervient une perspective métaphysique ou mystique.

Teilhard de Chardin, par exemple, dans *Science et Christ* (1965) ou dans *Comment je vois* (1969), montrait quelque chose qui pourrait inspirer une « monadologie écouménale » en insistant – à la suite de saint Paul – sur l'idée que Dieu est « tout en tous », et non pas « tout » (c'est-à-dire le point de vue du monisme ou du panthéisme). C'est dans la mesure où Dieu est tout en *chacun* qu'il peut y avoir « le mystère et la joie de l'union [1] ».

Si nous transférons cette monadologie à l'échelle de l'écoumène, cela revient à dire, à la fois contre le dualisme moderne et contre le holisme écologique (qui est une sorte de monisme), que la pleine expression de l'essence humaine de chacun d'entre nous est en tant que telle une expression du tout qui est la Terre. Réciproquement, cela veut dire que lorsque notre action nuit à la Terre, nous ne sommes pas véritablement humains. Le devoir écouménal, c'est celui de notre être même en tant que nous sommes humains.

---

1. *Comment je vois*, Paris, Éd. du Seuil, 1969, p. 91.

Monadologie et perception

Depuis que, comme on l'a vu au premier chapitre, Hilbert a mathématiquement démontré que toute partie d'un ensemble infini est elle-même infinie, la monadologie ne peut plus être écartée comme relevant seulement du mysticisme ; c'est en termes rationnels qu'il faut en envisager la traduction dans le monde où nous vivons.

De fait, l'écoumène est tissée de relations dont la prise en compte équivaudrait à une monadologie. Dans le lien écouménal, comme tous les étants qui nous entourent sont des écosymboles, ils ont toujours, dans leur particularité même, quelque chose qui exprime le général.

C'est cela qui notamment permet la perception, que l'on peut en effet interpréter comme une congruence du particulier et du général. Si les choses étaient absolument particulières, notre cerveau ne les reconnaîtrait jamais, et le monde n'aurait pas de sens. Pour que le monde ait sens, il est nécessaire que chaque chose particulière reflète en elle le général ; et pour que l'ensemble pratiquement infini des choses ait le sens d'un monde, il est nécessaire que cet ensemble infini se reflète dans la conscience de chacun d'entre nous. Reflet de l'infini, la conscience humaine ne l'est pas seulement pour des raisons d'ordre théologique ; elle l'est aussi, tout bonnement, parce que les mécanismes de la perception ou, plus généralement, ceux de notre existence (ek-sistence), nous projettent au bout du monde, dans la mesure même où celui-ci fait sens.

Pris et partie prenante

Sans revenir sur ce qui tisse ainsi le lien écouménal (comme on l'a vu au chapitre III), je voudrais insister ici sur la motivation existentielle que l'être humain a de représenter – monadiquement pourrait-on dire – l'immensité du monde à l'intérieur d'un espace-temps limité. Il emploie pour cela toutes sortes de moyens d'expression, des mythes à l'architecture, des images aux jardins, des romans aux liturgies – bref, tous les systèmes symboliques nés de la créativité humaine.

Ces systèmes symboliques se traduisent plus ou moins concrètement en écosymboles à la surface de la Terre. Leur fonction générale – donner un sens au monde – n'est autre que l'expression, dans l'activité créatrice de la monade humaine, et par le canal du corps de chacun d'entre nous (la voix, la main, le geste...), de la relation monadologique envisagée par Nishida : à l'autodétermination du général (le sens du monde) répond la détermination réciproque des particuliers (l'action de chaque sujet humain).

En effet, dans l'écoumène, c'est toujours en fonction d'un sens (une médiance) que se détermine l'action humaine ; mais dans la mesure même où l'être humain est conscient, ce sens est également fonction de l'action humaine. Nous sommes pris dans l'orientation de ce sens, mais nous y sommes aussi partie prenante : il dépend de nous.

C'est ainsi, par exemple, que l'espèce humaine a fini par se soustraire aux lois génétiques de l'évolution. En effet, en multipliant les contacts de populations différentes (donc les croisements génétiques), d'une part, et, d'autre part, en

réduisant la mortalité (ce qui bloque la sélection par élimi-
nation des plus faibles) et les naissances (ce qui bloque la
sélection par expansion des souches les plus fertiles), la
civilisation moderne a supprimé chez l'homme les facteurs
principaux de l'évolution naturelle. C'est là encore une différence entre l'écoumène et la biosphère.

Jardins, être et étant

La différence la plus remarquable entre ces deux sphères,
au demeurant, ce sont les écosymboles par lesquels l'être
humain, plus ou moins volontairement, exprime le sens du
monde, c'est-à-dire qui reflètent créativement le monde,
comme la conscience elle-même. C'est le cas des jardins,
qui relèvent pleinement de la monadologie créatrice envisagée par Nishida.

Naturellement, dans les jardins, les voies de la correspondance entre le macrocosme (le général) et le microcosme (le particulier) sont d'ordre symbolique, donc culturel. Si le second reflète le premier, ce n'est nullement dans
un rapport de similarité entre deux termes (le jardin et le
monde) ; car, comme dans toute relation écouménale,
intervient forcément un troisième terme qui unifie les deux
premiers : le reflet de l'infini dans la conscience humaine.
C'est pourquoi, d'une part, les jardins ne sont jamais une
banale reproduction des écosystèmes naturels à une échelle
plus ou moins réduite, et, d'autre part, diffèrent tant selon
les cultures et selon les époques, bien que chaque culture,
à chaque époque, perçoive son propre style comme naturel.

Si, par exemple, les jardins de Le Nôtre sont géomé-
triques, c'est parce que le rationalisme moderne, par les

voies de la séparation de l'étant et de l'être, avait découvert avec Galilée que les lois internes de la nature sont exprimables en langage mathématique ; partant, un jardin géométrique pouvait exprimer l'être de la nature sans qu'il soit besoin d'imiter la forme des étants naturels ; par exemple, en taillant les ifs en forme de cônes, et les buis en forme de parallélépipèdes. Et si le jardin japonais diffère tant de cette géométrie, c'est que, dans la tradition de l'Asie orientale, séparer l'être de l'étant n'a pas de sens ; aussi l'étant (les formes concrètes du jardin) ne peut-il être qu'une stylisation des formes naturelles, c'est-à-dire, comme on l'a vu au quatrième chapitre, une conformation de l'étant à la forme matricielle d'un *kata*. Mais dans les deux cas, ce qui s'exprime, ce n'est pas « la nature » telle quelle, c'est le sens de la nature en tant qu'il se reflète dans la créativité humaine.

La limite et le sacré

Nous reviendrons plus loin sur cette question, sous un autre angle. Ici, continuons de questionner la relation monadologique entre microcosme et macrocosme.

Cette relation a un caractère sacré, dans la mesure sans doute où le microcosme (le jardin, la maison, la ville, le mandala, etc.), dans sa forme réduite, traduit le reflet de l'infini dans la conscience humaine. La limite en particulier (le seuil de la maison, la muraille de la ville, le portique du temple, le cadre de l'image...) prend un caractère sacré, parce que c'est elle qui institue ce rapport du fini à l'infini, et qui rend ainsi présente, en un lieu limité de la Terre, l'immensité du monde (voire la transcendance de l'absolu).

Voilà ce qu'exprime, en grec et en latin, la parenté de la racine *tem-* (qui veut dire couper, d'où l'idée de limite comme coupure) avec des mots tels que *temenos* (enclos sacré) ou *templum* (temple).

La modernité a tendu à effacer cette symbolicité, dans le mouvement que Max Weber a appelé *Entzauberung* (désenchantement), et Heidegger *Entweltlichung* (démondisation). Dans le monde moderne, en effet, c'est une manipulation physique et instrumentale des objets qui a tendu à remplacer l'expression du sens dans les écosymboles. Pourtant, même cette manipulation instrumentale, en tant qu'elle était effectuée par des êtres humains à la surface de la Terre, ne pouvait totalement s'abstraire du lien écouménal, ni même de la sacralité de la relation entre microcosme et macrocosme.

Biotopes, biosphère et conscience

C'est ainsi qu'à la faveur de l'écologisme contemporain des « jardins » d'un nouveau genre ont commencé à voir le jour. La créativité humaine y exprime une « nature » qui prend son origine dans la science moderne (en l'occurrence l'écologie) et non plus dans les mythes ; tel le Biodôme de Montréal, où sont recréés quatre types d'écosystèmes (l'estuaire du Saint-Laurent, la forêt laurentienne, la forêt amazonienne, les côtes de l'Antarctide) ; tel encore le jardin créé par Yoshimura Motoo au Shin Umeda City, à Ôsaka, selon son concept de « nature moyenne » (*chû shizen*, c'est-à-dire où s'allient processus naturels et action humaine). Le fait que la nature y intervienne comme un référent expressément dérivé de l'écologie dote ces jardins d'une sorte de sacralité. En effet, de même que dans les murs des villes antiques s'exprimait une cosmologie sacrée, de même ces jardins représentent-ils, dans un enclos bien protégé, toutes les valeurs que nos sociétés attachent à la nature depuis que celle-ci est menacée.

Cette tendance à sacraliser la nature, allant même au-delà du besoin d'exprimer par une œuvre construite la relation monadique de la conscience humaine à l'univers, retrouve le principe du *temenos* de la Grèce archaïque : l'enclos protégeant un espace sacré. C'est ainsi qu'en Allemagne, notamment dans la Ruhr qui est une région très urbanisée, sont aménagés dans tous les endroits possibles des biotopes de petite taille. Là, protégées par une barrière que chacun respecte, la flore et la faune autrefois présentes naturellement dans la région se régénèrent petit à petit (aidées il est vrai par l'homme).

Ces lieux minuscules sont bien des monades où se reflète la nature tout entière ; mais cela non pas dans une correspondance directe entre la biosphère et les biotopes. Cette relation n'est pas seulement écologique, elle est écouménale ; car elle ne serait rien (les biotopes en question n'existeraient pas) si la biosphère ne se reflétait pas, d'abord, dans la conscience d'êtres humains et, par là, au voisinage de l'infini, par contagion en quelque sorte, ne devenait pas quelque chose de sacré.

Telle est la relation qui aujourd'hui motive beaucoup d'écologistes, et que traduit par exemple la formule bien connue « penser globalement (à l'échelle de la planète), agir localement ». L'être humain, en réalité, n'a jamais cessé de penser « globalement » pour agir localement ; plus même, en vérité : il n'a jamais cessé, pour créer, et en cela pour être pleinement humain, de penser à l'échelle de l'univers

– de son univers. Il n'a jamais cessé d'imaginer cosmologiquement le monde et d'en symboliser cosmogénétiquement le sens, plus ou moins consciemment, à travers ses œuvres.

La différence qui toutefois s'exprime entre cette monadologie, qui de tout temps fut propre à l'écoumène, d'une part, et, d'autre part, la conscience que nous avons acquise de l'interrelation des écosystèmes et de la biosphère, c'est qu'aujourd'hui la planète tout entière est devenue le jardin limité, l'enclos sacré où nous représentons symboliquement l'ordre profond de la nature, pour nous faire à nous-mêmes obligation de la respecter.

Tel est notre devoir, en effet, à l'issue de la modernité qui a étendu l'écoumène (au sens ancien) jusqu'au bout du monde et, du même coup, a découvert la finitude de la Terre. Pour cela, effectivement, le moindre biotope ne sera pas de trop.

LA PLACE DE LA MÉSOLOGIE
DANS L'ÉTHIQUE

Utopie et régression

Entendons-nous cependant sur le sens du mot « sacré ». Du point de vue de la médiance, qui se place résolument non pas en deçà mais au-delà de la modernité, *sacré* ne peut pas vouloir dire la même chose que dans la religion étrusque, par exemple, à savoir, selon *Le Petit Robert* (1992) « qui appartient à un domaine séparé, interdit et inviolable (au contraire de ce qui est *profane*) et fait l'objet d'un sentiment de révérence religieuse ». Ce sens-là du mot « sacré » est totalement étranger à l'effort de compréhension rationnelle du lien écouménal qui motive le point de vue de la médiance. En revanche, il fait bon ménage avec les pulsions régressives qui s'expriment dans certaines des idéologies que l'on a vues au chapitre II, et il comporte les mêmes dangers au plan éthique. Pour cette raison, entre autres, nous *ne devons pas* nous engager dans la spirale régressive qui, de culte du soleil en adoration de Gaïa, de réenchantement du monde en génie du lieu, nous ramènerait tout bonnement avant la modernité.

Toujours pour des raisons éthiques, il nous *faut* voir plus clairement que cette thématique régressive, à bien des égards, n'est que l'envers de l'utopie moderne, et que celle-ci la nourrit donc en proportion directe.

Le génie du lieu

Voilà, par exemple, ce qu'exprime la persistance tenace, quand ce n'est pas le retour en force, de la notion de « génie du lieu » *(genius loci)*. Dans les croyances traditionnelles, d'un bout à l'autre de la Terre, il s'agit bien de la présence, dans le lieu, d'une divinité tutélaire en général, maléfique parfois. Le lieu donc est plus ou moins sacré selon la nature de cette divinité. Les monothéismes ont combattu ou récupéré ces croyances (en les rattachant, par exemple, au culte d'un saint, dans le christianisme) ; mais c'est la modernité proprement dite qui les a vidées de sens religieux, en ramenant l'expression « génie du lieu » au statut de simple métaphore profane. Dans ce sens-là, le génie d'un lieu, ce n'est autre que l'expression de sa singularité.

Comme on l'a vu cependant, la modernité a tendu à neutraliser la singularité des lieux en les assimilant à un espace universel. Nous avons vu également que cette u-topie était effectivement utopique au sens d'un irréalisme ; car ne serait-ce qu'en termes physiques (c'est-à-dire à la surface de la planète) ou écologiques (c'est-à-dire dans les écosystèmes), les lieux *ne peuvent jamais* perdre toute singularité. Ni la planète ni la biosphère, en effet, ne sont un espace universel.

En termes écouménaux, à plus forte raison, les lieux *ne doivent pas* perdre leur singularité. Cela, parce que dans l'écoumène, chaque lieu engage l'existence de personnes humaines. Nier les lieux, c'est nier l'essence humaine de ceux qui les habitent. Voilà, par exemple, ce qu'a voulu dire, à propos des barres uniformes des grands ensembles réalisés en France dans les années soixante, l'expression « cages à lapins ». L'être humain n'habite pas comme un lapin ; et même les lapins (à condition qu'on ne les traite pas comme des Golems) n'habitent pas avec la régularité mécanique de ce genre d'architecture. En traitant l'espace de l'habitation selon les principes d'une simple rationalité physique, les grands ensembles issus du mouvement moderne en architecture ont fait régresser l'écoumène, en deçà même de la biosphère, au niveau ontologique de la matière de la planète. S'agissant d'habitants humains, ce genre d'architecture est insoutenable éthiquement.

En réaction contre cette tendance à la négation des lieux, de nombreux architectes ou architecturologues, comme Christian Norberg-Schulz, ont insisté sur l'importance du génie du lieu. Il n'est pas rare que cette insistance prenne une tournure irrationnelle, voire franchement animiste. Dans l'ensemble, c'est en invoquant les spatialités traditionnelles que la notion de génie du lieu (ou des notions voisines) a été exaltée. Par exemple, la « localité » *(bashosei)* que l'équipe de Maki Fumihiko a mise en valeur à propos de Tôkyô dans *Miegakure suru toshi* (*La Ville entrevue*, 1980) [1] est essentiellement issue d'un passé préurbain, qui s'est maintenu dans Edo et qui est encore sensible dans Tôkyô, mais qui est un héritage.

Lieu et personne humaine

Au plan éthique, cette tendance est justifiée dans la mesure où elle s'oppose à la négation de l'essence humaine qui est inhérente à l'utopie moderne ; mais, en même temps, dans la mesure où elle exprime une pulsion régressive, elle comporte aussi des dangers au plan éthique. Devant ces risques contradictoires, il est nécessaire d'établir clairement que :

1. chaque lieu doit être aménagé (ou protégé) dans le respect de son génie ;

2. ce génie ne réside ni dans la physicalité du lieu (il n'y a pas d'âme ni de divinité dans le sol) ni dans le biotope en tant que tel, mais dans la relation écouménale d'êtres humains avec le lieu physique et avec le biotope.

Dans cette relation, le lieu est forcément imprégné – parfois intensément, si c'est un haut lieu – des valeurs dont la conscience humaine est le foyer. Il peut, de ce fait, comme celle-ci, refléter monadiquement l'infini et s'ouvrir à la transcendance ; mais en lui-même, le génie du lieu n'existe pas.

1. Tôkyô, Kajima Shuppankai.

C'est en ce sens que, du point de vue de la médiance, *doivent* être pris en considération tous les lieux de la Terre. Même les biotopes les plus rares n'ont de valeur que parce que des êtres humains y projettent ce qu'ils pensent du monde. Cela ne veut nullement dire que ces biotopes n'ont en fin de compte qu'une valeur toute relative ; mais que c'est *pour des raisons humaines* (scientifiques en l'occurrence) qu'ils existent en tant que hauts lieux écologiques. Comme les hauts lieux de la religion, leur valeur tend vers l'infini ; mais cela, parce que c'est dans la conscience d'êtres humains que l'infini se reflète.

Toutefois, l'on ne saurait parler ni de transcendance ni de sainteté à propos des biotopes ; le propre de l'écologie, c'est en effet de ramener le monde au niveau ontologique de la vie, en deçà de la dimension écouménale. Il ne *doit pas* y avoir de sacrilèges en matière de biotopes, au sens où les Étrusques entendaient le sacrilège et le punissaient de mort, mais des systèmes de protection prenant en compte la subjectité des populations concernées, dans le respect de la personne humaine.

Mésologie et géographie

Cette prise en compte de la subjectité humaine, à propos des biotopes et des écosystèmes, est le principe éthique fondamental qui ressort du point de vue de la médiance. Pour être autre chose qu'une simple incantation, elle suppose, bien entendu, la capacité conceptuelle et méthodologique de sa mise en pratique. J'ai proposé le terme de *mésologie* à cet égard. La mésologie, c'est la discipline qui s'occupe des milieux humains et de l'écoumène, pour en définir la médiance. En pratique, c'est un développement de la géographie dans la perspective de la phénoménologie herméneutique.

Cette approche a été inaugurée en géographie par Éric Dardel, au début des années cinquante et, avant lui, à partir de la philosophie elle-même, par Watsuji Tetsurô à la fin des années vingt, peu de temps après la publication, en 1927, de *Sein und Zeit* par Heidegger (le chapitre théorique de *Fûdo*, en effet, a été écrit dès 1929). Elle a été rejointe, dans les années soixante-dix, par un important courant de géographie phénoménologique (dit en anglais *humanistic geography*) dominé par l'Américain d'origine chinoise Yi Fu Tuan, auteur notamment de *Space and Place. The Perspective of Experience* (*Espace et lieu*, 1977)[1]. Il n'importe guère que, pour diverses raisons dont la langue, ce courant se soit développé, en pratique, sans lien avec les perspectives ouvertes par Watsuji et par Dardel, le second ayant été redécouvert un quart de siècle après la parution de *L'Homme et la terre* (1952), qui passa inaperçu, et *Fûdo* restant, hors du Japon et des cercles japonisants, soit inconnu, soit évoqué à titre d'exemple de déterminisme. La traduction anglaise de ce livre, en effet, œuvre d'un japonisant qui n'était ni géographe ni philosophe, gomme l'originalité de la problématique de la médiance et ne laisse donc retenir du livre que ses aspects effectivement déterministes. Le fait est néanmoins qu'aujourd'hui les travaux qui se rattachent à la géographie phénoménologique offrent un corpus épistémologique considérable, muni d'une armature méthodologique éprouvée dans maints travaux de ter-

---

1. Londres, Edward Arnold.

rain. En pratique donc, une éthique de l'écoumène ne peut se passer des connaissances apportées en ce domaine.

Trajection et éthique

Le point de vue de la médiance proprement dit (c'est-à-dire sur la base des définitions que j'en ai données au chapitre III), toutefois, est inséparable de la notion de trajection et des perspectives ontologiques et logiques inhérentes à cette notion. En ce domaine, il reste beaucoup à faire. La notion elle-même a une dizaine d'années d'âge (je l'ai proposée, en 1985, comme complément nécessaire de la notion de milieu, que je définis comme la relation d'une société à l'étendue terrestre). Comme on l'a vu, son importance est cruciale du point de vue d'une éthique de l'écoumène, puisqu'elle permet de dépasser le dualisme et ainsi de moraliser le rapport de la conscience humaine aux non-humains, sans pour autant réduire l'humain à l'écologique ou au biologique, et sans non plus s'exposer aux risques inhérents, au plan éthique, à un retour à la matrice antérieure au dualisme. Toutefois, le potentiel de cette notion est encore largement sous-développé.

Énaction et éthique

S'agissant de milieux réels, on ne peut considérer la trajection indépendamment des processus qu'envisagent les sciences de la nature. À cet égard, il existe de fortes affinités entre trajection et énaction, la notion qu'a introduite Francisco Varela dans la question du rapport entre l'organisme vivant et son environnement. L'idée de base, à savoir que l'organisme donne forme à son environnement tout en étant façonné par lui, est déjà présente chez Merleau-Ponty dans *La Structure du comportement* (1942) ; mais Varela l'a développée en termes proprement physiques, en parlant de « spécification mutuelle » et de « couplage structurel » entre l'organisme et son environnement. Ceux-ci, autrement dit, se font émerger réciproquement.

Cette perspective relationnelle rapproche le point de vue de l'énaction des conceptions bouddhiques, celle de vide ou d'absence de fondement *(sunyata)* chez Nagarjuna en particulier. Nonobstant les confusions d'échelle dont nous avons parlé au chapitre IV, Varela étend par là le champ de l'énaction à l'humain, et débouche sur des considérations éthiques fort voisines, dans leur principe, de celles exposées ici. Il écrit, par exemple, que « la construction planétaire exige la concrétisation d'un intérêt pour cet autre avec qui nous faisons émerger un monde[1] ».

Effectivement, c'est en relation avec les autres – tous les êtres, humains et non-humains – que nous faisons émerger le monde qui est le nôtre. Cette relation proprement cosmogénétique, toutefois, demande un travail sur les échelles ontologiques qui manque chez Varela, et que nous n'avons fait ici qu'effleurer.

---

1. Francisco VARELA *et al.*, *L'Inscription corporelle de l'esprit*, Paris, Éd. du Seuil, 1993, p. 328.

Être et relation

Fondamentalement, il s'agit de la question du rapport entre relation et être. En effet, l'être émerge à partir de la relation entre ses constituants : c'est de la relation entre les atomes qu'émergent les molécules, de la relation entre les molécules qu'émerge la vie, de la relation entre les cellules qu'émerge l'organisme, de la relation entre les neurones qu'émerge la pensée... ; chaque étape constituant une nouvelle échelle de l'être.

Sans revenir ici directement sur le thème des échelles ontologiques, je voudrais cependant poser une question connexe, touchant au rapport de l'écologie à l'ontologie. Qu'est-ce qui émerge, sur Terre, de la relation entre les écosystèmes ?

Ordinairement, cette question n'est pas traitée en termes d'émergence. La relation entre les systèmes écologiques de petite échelle forme des systèmes de plus grande échelle, dont l'ensemble forme la biosphère ; mais la biosphère n'est effectivement que l'ensemble des écosystèmes, elle n'est pas d'un degré ontologique supérieur, au sens de l'émergence d'un être irréductible à la somme de ses constituants.

Gaïa n'est pas un être

Certes, l'hypothèse Gaïa, de James Lovelock, postule que la biosphère est douée d'un être propre, capable de réguler lui-même l'équilibre réciproque de ses constituants, de manière à assurer son propre maintien. Cependant – si l'on excepte les interprétations animistes de Gaïa par certains des lecteurs de Lovelock –, cet être ne dépasse pas le champ de compétence de l'écologie (et des sciences naturelles connexes) à la manière dont l'étude de la philosophie ou de la littérature dépasse le champ de compétence de la neurologie, par exemple. Entre les écosystèmes et Gaïa, il n'y a pas la différence d'échelle ontologique qui existe entre les neurones et la pensée. Gaïa, si elle existe, n'est rien de plus qu'un gigantesque organisme, plus grand mais pas supérieur ontologiquement à ceux qui le constituent.

Autrement dit, de la relation entre les écosystèmes et les organismes qu'ils agencent entre eux, il n'émerge qualitativement (sinon quantitativement) rien de plus que ce qu'ils sont déjà eux-mêmes.

C'est là une des raisons, parmi d'autres, pour lesquelles il paraît difficile de fonder une éthique sur l'écologie en tant que telle, et cela en particulier du point de vue holiste de ceux qui invoquent la biosphère. Qu'on l'appelle Gaïa ou plus sobrement biosphère, en effet, la somme des écosystèmes *est* réductible en écosystèmes ; ontologiquement, donc éthiquement, elle ne vaut pas plus... sinon par le fait qu'elle est la condition d'existence de l'humanité. Le problème, dès lors, se ramène à la question de l'écoumène.

Qi *et ondes cérébrales*

Peut-être, toutefois, la relation des constituants de la biosphère (y compris l'humanité) fait-elle émerger quelque chose que nous ne savons pas encore scientifiquement prendre en compte ; et qui, du fait de cette émergence, conditionnerait l'éthique d'un autre point de vue que celui de la médiance, sur d'autres bases que la mésologie. Toutes les spéculations sont ici ouvertes, et il n'en manque pas. Je voudrais, pour terminer, donner à cet égard l'exemple du *qi*, et plus exactement du *qigong*.

On sait que le *qi* (souffle vital ou cosmique) a donné lieu à diverses techniques, comme l'acupuncture. Parmi celles-ci, le *qigong* est une technique corporelle qui permet de cultiver le *qi* au-dedans de soi. Les maîtres de *qigong* deviennent ainsi capables de choses impossibles à un humain ordinaire, telles que de renverser quelqu'un à distance.

Ces phénomènes ont longtemps été privés de reconnaissance scientifique pour une raison radicale : c'est qu'on ne pouvait pas mesurer le *qi*. Ne faisant pas partie des étants physiques, le *qi* ne pouvait donc accéder au statut d'objet de science.

Cependant, depuis des expériences menées en 1978 dans un laboratoire de Shanghai, on a commencé à pouvoir mesurer certaines manifestations physiques du *qi* dans le corps humain, telles que radiations infrarouges, infra-sons, magnétisme, électricité statique, etc. Les plus spectaculaires de ces manifestations concernent les ondes cérébrales : un maître de *qigong* peut mettre, à distance, les ondes cérébrales de quelqu'un d'autre en fréquence avec les siennes (c'est d'ailleurs par là que l'on pense pouvoir expliquer un fait aussi extraordinaire que le renversement d'un adversaire à distance).

Le cerveau et l'univers

Cela dit, on ne connaît toujours pas le vecteur physique de ces modifications à distance de phénomènes physiques, au demeurant déjà connus par ailleurs. En cela, le *qi* reste une énigme défiant les lois de la physique. Contrairement à la majorité des chercheurs chinois, qui espèrent saisir un jour physiquement le *qi* en tant que tel, le neurologue Shinagawa Yoshiya penchait donc pour une interprétation purement relationnelle, qui n'est pas sans affinité avec la monadologie de Nishida que l'on a évoquée plus haut. Le *qi* aurait un rapport avec une structure gigogne ou en abîme, dans laquelle « le moyen de se reconnaître qu'a l'univers lui-même n'est autre que la conscience », et « la conscience est une structure informative qui sert à l'univers lui-même pour se reconnaître »[1].

Shinagawa appuie cette interprétation sur ses propres travaux concernant l'hémisphère droit du cerveau. Elle est très voisine de ce que, à l'autre bout du spectre des connaissances, des astrophysiciens tels que Brandon Carter ont appelé le « principe anthropique », lequel postule l'existence d'une connexion entre l'existence de l'univers et celle de l'homme, à savoir que les propriétés physiques de l'univers auraient un rapport avec le fait que la conscience humaine ait pu émerger. Autrement dit, il y aurait une finalité dans l'univers[2].

Ces perspectives dépassent bien entendu le point de vue de la médiance quant à l'objet non moins qu'à la méthode. Je les évoque néanmoins parce que leur principe est de même nature que celui de la perspective d'une éthique écouménale, à savoir que, s'il y a un sens dans le monde, celui-ci ne peut résider que dans notre relation au monde. Corrélativement, comme il ne saurait y avoir d'éthique

---

1. SHINAGAWA Yoshiya, *Kikô no kagaku*, Tôkyô, Kobunsha, 1990, p. 198.
2. Sur ces thèses, voir Jacques DEMARET et Dominique LAMBERT, *Le Principe anthropique*, Paris, Armand Colin, 1994.

sans que la fonde un sens, l'éthique de l'écoumène a quelque chose à voir avec les fondements de l'éthique en général. Qu'on en cherche en effet les raisons au fond du cerveau
humain, au fond du cosmos, ou simplement (?) dans un
paysage aimé, les relations qui nous font être au monde
nous fondent, par là même, en tant qu'êtres éthiques.

NATURE ET ESSENCE HUMAINE

Entre le fait et le dit

Dans un article à propos de l'homme de Neanderthal,
Stephen Jay Gould écrivait récemment : « [...] nous sommes
des créatures qui racontent des histoires, et l'on aurait dû
nous appeler *Homo narrator* [...] plutôt qu'*Homo sapiens*,
qui souvent ne convient pas[1]. »

Cette idée du grand paléontologue exprime à sa manière
une évidence de notre siècle, qui distingue radicalement
notre vision du monde de celle de la modernité : la réalité
du monde, c'est ce que nous disons du monde.

« Dire », cela va de soi, doit être ici entendu au sens large.
Cela concerne tous les systèmes symboliques par lesquels
nous organisons la réalité. Cependant, l'essentiel de notre
relation au monde s'exprime bien dans la relation verbale,
à savoir que nous parlons *à propos* de la réalité. En cela
s'instaure, dans l'espace-temps, un écart à jamais irrattra-

---

1. Stephen Jay GOULD, « So near and so far », *The New York Review of Books*,
20 octobre 1994, p. 26.

pable entre le fait et ce que nous disons du fait. Il s'agit bien d'un récit, où, *après coup*, nous disons le monde.

La prise de conscience de cet écart « narratif » entre le dit et le fait diffère de la vision moderne sous deux aspects essentiels. D'abord, elle rompt avec la conviction que nous pouvons connaître objectivement le réel en soi ; comme nous l'avons vu au premier chapitre, nous savons en effet aujourd'hui que toute connaissance est perspective, autrement dit que c'est une façon de voir. Ensuite, elle rompt avec le point de vue statique (l'« arrêt sur objet » du regard cartésien) qui fondait le dualisme moderne ; car l'écart entre fait et dit introduit structurellement, dans notre relation au monde, la dimension temporelle inhérente à tout récit.

C'est ce deuxième aspect qui nous intéressera ici, car il concerne directement la question éthique du rapport entre appartenance et liberté.

Dualisme et liberté

Dans le point de vue statique (l'arrêt sur objet) du regard cartésien, la conscience humaine se détache ontologiquement de la chose et se donne ainsi liberté de la manipuler en tant qu'objet. Ici réside le mobile ontologique (ou la motivation fondamentale) en vertu de quoi la dynamique de la modernité a été une dynamique de libération de la personne humaine à l'égard des jougs traditionnels, qu'ils fussent naturels (la maladie, la faim, la distance, la pesanteur...) ou sociaux (en règle générale, la domination du plus fort sur le plus faible : le guerrier sur le paysan, la communauté sur l'individu, l'adulte sur l'enfant, le mari sur l'épouse, etc.). Même si, comme on l'a vu, la modernité a pu à cet égard se contredire elle-même (dans les cas, par exemple, où les systèmes techniques asservissent au lieu de libérer), il reste que sa dynamique fondamentale est bien dans cette libération, et qu'elle n'a pas fini de s'exprimer ; c'est le cas par exemple en ce moment dans la question du droit des femmes à l'égalité dans le monde du travail.

En ce que cette dynamique tend à libérer le plus faible de l'oppression du plus fort, elle est foncièrement – ontologiquement – de nature éthique. Là réside, peut-on dire, la justification morale de la modernité. Certes, celle-ci a par ailleurs, en pratique, engendré toutes sortes d'oppressions ; mais il ne s'agit pas là de la motivation qui la distingue, ontologiquement, des modèles sociaux qui l'ont précédée.

Relation et appartenance

Or la temporalisation qui succède à l'arrêt sur objet cartésien, en réintégrant la conscience dans la dynamique évolutive (la trajectivité) de notre relation aux choses, recèle en elle-même le risque d'annuler cette motivation libératrice, et d'y substituer une logique de l'appartenance.

La chose est claire dans le cas de Heidegger : l'accent qu'il avait mis d'emblée sur la temporalité du *Dasein* devait, au fil des années, le conduire à affirmer, au rebours de la liberté du sujet cartésien, une pensée de l'appartenance, de la nécessité, du destin – un destin scellé dès le commencement *(Anfang)*, qui détermine tous les développements ultérieurs. Comme l'écrit Michel Haar, « Être pour le *Dasein* signifie avoir à être. Il s'agit d'assumer le rôle que nous prescrit l'Être. À cela se limite et se mesure notre indigente liberté [1] ».

D'un autre point de vue, ce risque est clairement présent dans toute pensée relationnelle. C'est le cas, on l'a vu, du holisme écologique. On peut également faire l'hypothèse que si les grandes civilisations d'Asie, des castes indiennes à la féodalité des Tokugawa, en passant par les hiérarchies du confucianisme, sont restées foncièrement (ontologiquement) marquées par l'inégalité et l'appartenance, cela a quelque chose à voir avec le fait que, d'une manière ou d'une autre, elles ont donné précédence à la relation sur l'être. En effet, exister en relation, plutôt qu'être soi-même, cela annule le mobile ontologique libérateur que l'on a vu à propos de la modernité.

Ces choses étant dites, nous n'examinerons pas plus avant l'aspect proprement social de la question ; c'est en effet essentiellement la relation de l'humain aux non-humains et, en particulier, l'action humaine sur la nature qui nous concerne ici. La problématique cependant reste la même, puisque ce qui est au fond en cause, c'est la relation de la conscience de l'acteur humain avec tout le reste – les gens, les choses, le monde.

Il est symptomatique à cet égard que la vision relationnelle et destinale de Heidegger le conduise à une sorte de renoncement à l'action, déniant à celle-ci tout effet de détermination de la réalité profonde : « La pensée heideggérienne de l'Histoire aboutit [...à une...] résignation quasi fataliste devant le progrès de l'errance. Il est vain, par exemple, de s'indigner devant les "*Führer*", comme il est vain de lutter par des moyens matériels contre la destruction de la

1. Michel HAAR, *Le Chant de la terre*, Paris, L'Herne, 1985, p. 158.

nature [...]. À la question : que pouvons-nous faire alors ? Heidegger répond clairement : *wir sollen nichts tun, sondern warten* (nous ne devons rien faire, mais attendre) [1]. »

On rapprochera cette résignation de l'inactivisme virtuel qui gît, comme on l'a vu, au fond des incohérences du holisme écologique ; celui-ci en effet ne peut agir qu'en niant son présupposé ontologique, lequel est de rabaisser l'être humain à son appartenance aux trophismes écologiques [2].

Liberté mais aussi appartenance

Que l'être humain soit en effet pris dans un destin scellé dès l'*Anfang* ou pris dans la biosphère, ou encore qu'il s'engloutisse dans un lieu nishidien, ces diverses négations de la subjectité moderne ont pour trait commun de substituer l'appartenance à la liberté. En cela, ce ne sont en rien des dépassements de la modernité, mais tout simplement des apologies de la régression aux états antérieurs de l'humanité. Il y a là, clairement, un choix éthique dont l'enjeu est énorme.

J'ai suggéré plus haut les raisons trajectives qui nous permettront de ne pas nous enferrer, ici, dans un dilemme insurmontable entre un couple « liberté sans appartenance » (autrement dit le déracinement d'un individualisme absolu) et un couple « appartenance sans liberté » (autrement dit

---

1. M. HAAR, *Le Chant de la terre, op. cit.*, pp. 157 et 158.
2. Il va de soi que les partisans du holisme écologique peuvent être actifs et même activistes ; mais cela dans une contradiction supplémentaire avec les contradictions internes de leur discours. Du reste, le sens général de ce discours est bien une condamnation de l'action humaine.

l'étouffement de la personne humaine). En termes éthiques, en effet, l'idée foncière de la logique du *mais aussi* – à savoir ce qui est à l'œuvre dans la réalité des milieux humains comme dans celle, globale, de l'écoumène – n'est autre que la suivante : il n'y a d'appartenance que *par* la liberté, de liberté que *par* l'appartenance ; soit dit autrement : il n'y a de devoir que *par* le droit, de droit que *par* le devoir ; ou encore : de nécessité que *par* la contingence, de contingence que *par* la nécessité.

Que signifient ces aphorismes ? Pour dire l'essentiel en quelques mots, ceci : l'humain s'émancipera toujours de sa condition biologique et physique par l'appartenance de son être à un champ symbolique, dont il s'émancipera toujours par la physicalité et la vitalité mêmes de son corps. Autrement dit, notre double appartenance, d'une part à la nature, d'autre part à ce qui en nous dépasse la nature (c'est-à-dire la culture), cette double appartenance est la condition de notre double liberté vis-à-vis de la nature d'une part, de la culture d'autre part. Autrement dit encore, c'est *parce que* l'être du sujet humain appartient toujours à un lieu [1] – l'*y* de son *il y a* – qu'il peut toujours être librement

---

1. Gardons-nous ici d'entendre « lieu » dans un sens purement physique ou géométrique, ce qui nous renverrait à la dimension de la planète et non à celle de l'écoumène. Dans l'écoumène, les lieux sont écosymboliques ; et ce qu'il y a en eux de symbolique les détache du lieu physique pour les rattacher à des espaces (des ensembles de relations) de divers ordres, dont certains purement virtuels. Heidegger (dans *Die Kunst und der Raum*) est celui qui a le plus clairement montré que le lieu *(Ort)* n'existe ainsi comme tel qu'en fonction de l'œuvre humaine. Loin de s'insérer dans un espace absolu qui lui préexisterait, l'œuvre « spacie » *(raümt)*, c'est-à-dire qu'elle ouvre un espace qui lui est relatif. Cela vaut pour le langage comme pour les images et, de manière générale, pour toute l'écoumène, dont l'espace a été ouvert – et continue de s'ouvrir – par l'hominisation. C'est en ce sens écouménal que j'emploie, un peu plus loin, l'expression « lieu de l'être-humain ».

sujet. Cela parce que, foncièrement, l'être humain est naturel *mais aussi* culturel, et culturel *mais aussi* naturel.

Telle est la logique trajective au nom de laquelle le point de vue de la médiance entend récuser tant les déterminismes – qu'ils invoquent la nature ou bien la société – que les antidéterminismes. Ce n'est en effet que parce qu'il y a des lois de la nature que la créativité humaine peut utiliser ces lois afin de se libérer des déterminations de la nature, produisant de ce fait l'essentielle contingence du culturel par rapport au naturel ; car si la nature n'était que contingence, la créativité humaine ne pourrait jamais tabler sur ses lois, et, dès lors, l'humanité resterait indéfiniment à l'état de nature, asservie à sa niche écologique au même titre que les autres vivants.

C'est en vertu de la même logique trajective que, dans les démocraties, le respect de la loi fonde les libertés individuelles, la négation libertaire de la loi ne conduisant qu'à la servitude.

L'institution de la nature comme telle

Allons plus loin : si la nature existe pour l'être humain – si donc il peut la prendre en compte en termes éthiques –, c'est parce que le travail humain transforme la nature. C'est en effet en s'arrachant à la nature que l'humanité institue la nature comme telle. Cette logique trajective implique, entre autres, qu'on ne peut aimer la nature que parce qu'on est civilisé.

Telle est effectivement la réalité historique et anthropologique : c'est à partir d'un certain degré de civilisation que les sociétés inventent la notion de nature, et désignent celle-ci d'un mot particulier – par exemple, cela s'est passé en Grèce à l'époque des philosophes présocratiques, et au Japon quinze siècles plus tard avec l'introduction des mots et des modèles chinois ; c'est plus tard encore qu'elles commencent à voir la nature comme telle, c'est-à-dire en termes de paysage – en Chine, cela s'est passé à l'époque des Six Dynasties, en Europe plus de mille ans plus tard, à la Renaissance ; ce n'est qu'en 1926 que Vladimir Vernadsky invente la biosphère, et ce n'est que tout récemment que nous avons commencé à nous en préoccuper en termes éthiques.

Ainsi, contrairement aux lieux communs du discours écologiste, le bon sauvage (et le gorille à plus forte raison) ne parle pas de la nature, ne regarde pas le paysage, et ignore l'éthique de l'environnement ; il vit dans un monde moins civilisé que le nôtre, c'est tout. Et si le bon sauvage n'abîme pas trop la nature (il l'abîme quand même), ce n'est pas qu'il ait une conscience écologique élevée, c'est tout simplement qu'il ne sait pas faire grand-chose[1].

Or, que la civilisation institue la nature, le paysage et l'environnement comme tels, ce n'est là pas autre chose que le récit cosmogénétique de l'*Homo narrator*. Il y a dans ce récit un *avant*, et un *depuis* : depuis que les philosophes

---

1. Cette formule percutante fera certainement pousser les hauts cris dans les sphères du P.C. (ce qui aujourd'hui veut dire *politically correct*). Précisons donc qu'il ne s'agit ici que du faire le plus matériel, et de ses effets non moins matériels sur les écosystèmes, c'est-à-dire dans la dimension de la biosphère. Dans la dimension écosymbolique de l'écoumène, le bon sauvage est tout aussi instituteur de monde que nous le sommes ; mais ni son histoire ni son milieu n'étant les nôtres, il serait totalement désarmé devant notre crise de l'environnement. Pour résoudre celle-ci, nous allons avoir besoin d'encore plus de culture et de civilisation, et non pas, comme le rêvent certains écologistes, de revenir à l'état paléolithique (voir chap. II). Autrement dit, nous devons dépasser la modernité et non pas revenir à la prémodernité. Reconnaître notre condition écouménale va en ce sens.

grecs ont inventé la *phusis*, les poètes chinois le *shanshui*, et un chimiste russe la biosphère, l'humanité a petit à petit appris à penser la nature, à la regarder, à en comprendre les lois, et aujourd'hui à se soucier d'accorder à ces lois naturelles ses propres lois morales. Avant, la « nature » n'existait pas ; telle est la réalité de l'« histoire humaine de la nature », pour reprendre l'expression de Serge Moscovici.

Certes, la nature est plus ancienne que la « nature » ; elle a environ quinze milliards d'années de plus, d'après ce que nous en dit notre actuelle cosmogonie ; mais celle-ci, à son tour, est toute récente : ce n'est qu'à la fin des années vingt que Georges Lemaître postule la fuite des galaxies, qu'Edwin Hubble la met en évidence, et qu'il s'ensuit ce qu'on appelle, depuis que Fred Hoyle l'a baptisé ainsi par dérision, le modèle standard du *big bang*.

Nous ne transcenderons jamais cette relation trajective : la nature est un fait, *mais aussi* récit de ce fait par *Homo narrator* ; et ce n'est que parce qu'avance le récit – plus, donc, avance la civilisation – que la nature advient *dans sa vérité*.

Civilisation et vérité

Car vérité il y a ; mais elle est trajective. Affirmer cela, c'est tout autre chose que de sombrer dans le relativisme auquel conduirait une vision purement relationnelle. Les échelles spatio-temporelles que reconnaît le point de vue de la médiance sont des échelles ontologiques : il y a bien émergence de l'être, à partir de la relation. Il y a donc bien, quelque part, une vérité des êtres et, au fil du récit qu'établit sa conscience du monde, *Homo narrator* se rapproche bien de l'être véritable de la nature. Encore doit-il savoir que, par cette quête même, c'est lui qui institue cet être, en relation avec lui-même.

C'est là peut-être une mise en abîme ; toutefois, loin d'aboutir au non-sens d'une suite de reflets à l'infini, ou encore à celui de l'éternel recommencement d'un cycle de Moebius, cette quête de la vérité ne cesse de produire du sens. Cela par émergence de l'être, *mais aussi* par l'engloutissement de l'être dans les relations qui lui ont donné lieu. Par l'émergence de la conscience et de la liberté du sujet, *mais aussi* par l'engloutissement du sujet dans la *chôra* de sa subjectité – la Terre ou la nature, en fin de compte. Voilà ce que je voudrais, pour terminer, illustrer en me référant une dernière fois au père de la notion de médiance, Watsuji Tetsurô, et à celui qui l'inspira par réaction, Martin Heidegger.

De sujet en lieu de l'être-humain

L'argument le plus fort (à mon sens) que Watsuji emploie dans sa critique du *Dasein* heideggérien, c'est que celui-ci n'est qu'un « être vers la mort » *(Sein zum Tode)* ; ce à quoi il oppose l'« être vers la vie » qu'il voit dans le *ningen sonzai* (l'être-humain)[1]. Effectivement, alors que Heidegger, dans *Sein und Zeit*, pose que « la mort comme fin du *Dasein* est la possibilité la plus propre, non relative, certaine et comme telle indéterminée, indépassable du *Dasein* » (pp. 258-259),

---

1. Rappelons que le trait d'union d'« être-humain » signifie qu'« être » est ici un verbe. L'idée sous-jacente est d'ordre éthique : nous *avons à être* humains, c'est-à-dire, pour ce qui nous occupe ici, dignes de notre condition écouménale, laquelle est plus que celle, seulement écologique, de simples êtres vivants.

Watsuji, dans *Fûdo,* écrit ceci : « L'homme meurt, le lien entre les hommes change, mais tout en mourant et en changeant, les hommes vivent et l'entre-lien *(aida)* des hommes continue. C'est dans le fait de finir sans cesse que celui-ci continue sans cesse. Ce qui, du point de vue de l'individu, est être vers la mort *(shi e no sonzai),* est être vers la vie *(sei e no sonzai)* du point de vue de la société » (p. 16).

Ce jugement implique chez Watsuji une option éthique et politique conservatrice – donnant à la relation communautaire le pas sur l'être individuel – que je ne reprends pas à mon compte, comme on l'a vu. Toutefois, combiné à celui de Heidegger, il m'a inspiré l'idée de ce qui est, pour moi, la raison essentielle du rapport si troublant de l'être humain à la nature, à savoir qu'il n'est pleinement humain, et sujet, que de par la finitude même qui, à sa mort, le ramène à la terre – le lieu ultime de sa subjectité.

C'est, en effet, justement parce que le sujet individuel est mortel, tandis que la vie intersubjective de la communauté continue après sa mort, qu'il devient lui-même le lieu des sujets à venir. Il le devient par ses œuvres, par sa progéniture, par le souvenir et par le retour de son corps à la terre. S'il était immortel, donc éternisé comme sujet, alors se figerait son rapport d'appartenance aux lieux qui le subsument – la société, l'espèce humaine, l'animalité, la biosphère, la planète... Il ne deviendrait jamais lui-même le lieu de l'être-humain. Autrement dit, pour le sujet humain, se libérer de la mort – la borne la plus indépassable de sa condition terrestre –, ce serait s'engloutir dans la non-liberté d'une absolue non-humanité. Cela, peut-être l'humanité le sait-elle obscurément depuis qu'à la différence des bêtes elle honore les morts et vénère la terre des ancêtres.

C'est ainsi que la mort, qui nous ramène à la matière, enracine notre conscience dans la nature, ce lieu de notre être en tant que nous sommes humains. J'y vois la raison éthique essentielle de respecter notre lien avec la Terre.

Paris, juillet 1995.

DEUXIÈME PARTIE
LE LIEN ÉCOUMÉNAL

Table 211

OUVRAGES DU MÊME AUTEUR

Aux Éditions Gallimard

Le Sauvage et l'artifice. Les Japonais devant la nature, 1986.

Du geste à la cité. Formes urbaines et lien social au Japon, 1993.

Chez d'autres éditeurs

Le Japon. Gestion de l'espace et changement social, Paris, Flammarion, 1976.

La Rizière et la banquise. Colonisation et changement culturel à Hokkaidô, Paris, Publications orientalistes de France, 1980.

Vivre l'espace au Japon, Paris, P.U.F., 1982.

Médiance. De milieux en paysages, Montpellier, G.I.P. Reclus, 1990.

Nihon no fûkei, Seiô no keikan, Tôkyô, Kôdansha, 1990.

Toshi no kosumorojî, Tôkyô, Kôdansha, 1993.

Les Raisons du paysage, de la Chine antique aux environnements de synthèse, Paris, Hazan, 1995.

Directions d'ouvrages

Le Japon et son double. Logiques d'un autoportrait, Paris, Masson, 1987.

La Qualité de la ville. Urbanité française, urbanité nippone, Tôkyô, Maison franco-japonaise, 1987.

La Maîtrise de la ville. Urbanité française, urbanité nippone, Paris, Éditions de l'E.H.E.S.S., 1994.

Dictionnaire de la civilisation japonaise, Paris, Hazan, 1994.

LE DÉBAT

Volumes publiés

Composition Charente-Photogravure.
Achevé d'imprimer par la
Société Nouvelle Firmin-Didot.
à Mesnil-sur-l'Estrée, le 12 août 1996.
Dépôt légal : août 1996.
Numéro d'imprimeur : 35496.

ISBN 2-07-074549-X/Imprimé en France